LOCUS

LOCUS

LOCUS

LOCUS

mark

這個系列標記的是一些人、一些事件與活動。

mark 176

性與欲望的中國：從性事看見真正的中國

性と欲望の中国

作　　者　安田峰俊
譯　　者　葉廷昭
編　　輯　林盈志
封面設計　簡廷昇
內頁排版　江宜蔚
校　　對　呂佳真

出　　版　大塊文化出版股份有限公司
www.locuspublishing.com
台北市105022南京東路四段25號11樓
讀者服務專線：0800-006689
TEL：(02) 87123898　FAX：(02)87123897
郵撥帳號：18955675
戶名：大塊文化出版股份有限公司
法律顧問：董安丹律師、顧慕堯律師

總 經 銷　大和書報圖書股份有限公司
地址：新北市新莊區五工五路2號
TEL：(02) 89902588　FAX：(02) 22901658

初版一刷：2023年1月
定價：新台幣350元
ISBN：978-626-7206-56-0

性と欲望の中国

性與欲望的中國

從性事看見真正的中國

安田峰俊——著
葉廷昭——譯

目次

導讀

HTTP404，欲望找不到網頁

李桐豪

二〇〇二年到〇五年，因為在上海讀書生活的緣故，有了許多在中國旅行的經驗。某個秋天，搭火車到北京訪友，買的是軟臥座位，四人車廂，上下鋪，下午三四點的火車，隔天上午抵達。對號找到了自己的車廂，只見下鋪依偎著一對中年男女，看報吃橘子，舉止親熱。因為事不關己，只是漠然地爬上自己的臥鋪，把背包當枕頭，戴上耳機，把書擋著自己的臉，在車廂裡在布置一個更小的結界。火車搖搖晃晃，一路到了南京，隱約聽聞下鋪傳來這樣的對話：「你媳婦是南京人吧。」「欸。」媳婦?!聽到媳婦一詞，心中八卦雷達大響，立刻拔下了耳機偷聽。台灣的公公、婆婆稱兒子的老婆「媳婦」，但對岸北方人也管自己的老婆叫「媳婦」，由那男女的年紀研判，顯然不是前面那種，兩人窸窸窣窣講著家庭狀況，小孩學習狀況如何，過幾年媳婦會先帶小孩出國，夜色越來越深，兩個人話語越來越低，火車哐啷哐啷的聲音中，有女人喘息喊著：「悠著點。」那是大膽而無恥、公然的偷情了。

公領域和私領域之間界線總是很模糊。那幾年在中國，這些事總是叫我迷惑。

其時，東方明珠電視塔和金茂大樓比肩黃浦江畔，在浦東形成巍峨的天際線。機場到市區有了磁浮列車，徐家匯新天地時髦商場媲美香港中環，這城市已有摩登大都會的派頭，但街上仍可看到中年男人穿著睡衣與皮鞋上街買早點的畫面；高等學府的廁所依舊沒有門；搭公交從五角場到市區，台北香港或東京，搭大眾運輸工具，不管車廂再如何擁擠，乘客依舊會縮緊自己身體，在自己與他人之間留一點空隙，但在這個城市，陌生人與陌生人乘車，肉貼著肉，親密地挨著一起。

後來，待的日子久了，讀了一些書和一些老人們聊過天，自己解讀是文革期間，破四舊立四新，政治狂人那場瘋狂的人性實驗，公與私，個人與群體，所有的界線都被打破了（可其實中國人有兩張臉，一張臉是在公開場合做政治表態，諂媚的、愛國的，但假使真的可以找到一扇門，可以關起來，那他們還會有另外一張臉，清明的、激憤的、憂心忡忡的臉）。無道德、無節操、無信仰，故而當時序進入新世紀，沿海大城市一部分人真的富裕起來了，飽暖之後淫欲的夢總是特別凶猛。

其時，情欲作家「木子美」取代了「毛澤東」，成了搜狐上的熱門關鍵字，她的《遺情書》首刷十四萬冊，網站宣布連載她的情欲日記，文章一上線，伺服器立刻當機。網路有女作家的情欲日記可以意淫，男人們也流傳著一份買春指南，各大娛樂會所、養生會館，哪家有做黑的，價錢多少，明碼實價，古北區哪個小區已是二奶村是台商界公開的祕密……後來，我記得有句順口溜是這樣流傳的：「婊子成群，處女難尋。轉大街走小巷，到處都有麻辣燙。啤酒肚小平頭，大金鍊子黃鶴樓。穿貂皮擠公交，四處掉毛往下飄。拿蘋果沒有兜，搖搖晃晃招小偷。聊微信，見網友，本人總比照片醜。」

一九四九年十月一號，毛澤東在北京天安門舉行開國大典，高喊：「中華人民共和國中央人民政府今天成立了！」然而四十年間，新中國並非從封建社會走向各盡所能、按需分配的共產主義，一場飢餓、一場文革，這個國家在八〇年代拐了個彎，從貧窮的社會主義走向腐敗而原始的資本主義。一九八九年六四一場動搖政權的屠殺，這個極權專政迎來的卻是二十年的經濟起飛。新舊世紀的交界，這國家鍍上了一層金，它成了地球上最大能源、電影、啤酒和白銀的消費國，興建的高速鐵路和機場加總比全球其他地方還要多。這國家的種種一切令人費解，學者們企圖想從經濟學、人類學、社會學去追問為什麼……歐逸文《野心世代》、何偉《尋路中國》都在這張棘手的考卷寫出了漂亮的答案。

當然了，性也是一個很好的切入點，譬如這本安田峰俊的《性與欲望的中國》。中國流亡學者蘇曉康《鬼推磨》寫八九年天安門事件後的魔幻三十年，幽史穢聞，魑魅魍魎，安田峰俊的新書所描述的時空跨度與蘇曉康相仿，但他不寫魔幻中國的白骨骷髏，而是翻到風月寶鑑的另外一面，從紅粉胭脂男歡女愛去描述三十年目睹之怪現狀。

安田桑是日本社會記者，碩士論文研究中國近現代史的他，在該書記錄了情欲之都東莞的興亡，也走訪廣東台山下川島，描述台灣男人如何組炮兵團，如何在床上「反攻大陸」。他訪問中國LGBT族群的困境，也觀察AV產業和成人玩具在中國的現況。這些題目當年台灣《壹週刊》也有非常香豔的報導，如今看來並不新鮮，然而大抵安田桑外邦人的身分，能對一切習焉不察的現象大驚小怪，兼以但凡日本人做學問，對數據和情報有斤斤計較的偏執，故而這本書讀來也得到驚人的效果。

譬如他寫日本AV浪潮在中國的明暗面，明著寫蒼井空在中國掀起的AV女優浪潮，暗著是寫人稱「蒼老師」的蒼井空利用推特和中國粉絲博感情，其實是反體制的知識分子之間流行的網路文化。

書中交代，中國在二〇一〇年，GDP躍升世界第二，中國人民手中有了錢，也有做人的底氣，網路普及和經濟發展帶來了自由。手機一滑，交友軟體可以認識各式各樣的人，淘寶上可以買到各式各樣的成人玩具，甚至也可組團去日本買春了。安田桑不厭精細地寫極樂中國的刺激與香豔，但褲子一脫，才發現一切都是黨的意志。原來色情下川島畸形發展，背後有解放軍當後盾；極樂東莞是公安把持，身後影影綽綽有太子黨周永康的身影。以為嫖與被嫖皆出於自由意志，背後還是黨的意思。歌舞昇平之下，政治獨裁的高壓無所不在，個人主義在資本主義與獨裁專政的雙重輾壓之下無處藏身，個人只能在性得到一丁點虛妄的、短暫的安慰。

《性與欲望的中國》寫到尾聲，習近平的名字冒出來了。二〇一二年，他接任總書記，意識形態日趨保守，對民間的管控愈來愈嚴格，該書完成於二〇一九年，安田桑最後一個章節的名稱拋出一個大哉問：「共產黨連人類最原始的本能都要控管？」身處二〇二二年的我們，比誰都知道那答案是什麼。十年間，獨裁者為剷除異己，高舉打黃打貪腐的大旗，順便把腐女也抓起來，中國審查機器繼續轉，「腐、基、耽美、本子」都要封殺，微博再無同性戀。二十大剛過，獨裁者繼續獨裁，欲望中國裡，多得是HTTP404，欲望找不到網頁。

性與欲望的中國

前言

從「性事」一窺真正的中國

情欲大國．中國

我們可以從很多層面來解析某一個社會的架構，探究那個社會未來的走向。而最主要的解析層面，不外乎經濟和政治，還有法律、思想、文學、環境問題、宗教、飲食文化等等。

問題是，用這些層面來解析為何有效？

說穿了，經濟代表財富的欲望，政治和法律代表權力和支配的欲望，思想和文學代表求知和表現的欲望，環境問題代表追求健康和舒適的欲望，宗教代表追求心靈安定和救贖的欲望，飲食文化代表的則是食欲……這些層面反映人類強烈的欲望，嚴格說來，「社會」本身就是個人和組織的種種欲望打造出來的。

不過，認真剖析社會架構的專家學者，多半不敢提及某個欲望，那就是情欲。對所有生物來說，性（生殖）是最重要的欲望之一，而人類會透過性愛獲得生理和精神的快感，因此性欲對人類又更加重要。本書就把這種欲望的泉源定義為「情欲」好了。

中國有十四億人口，高居世界之冠，國土面積更是日本的二十五倍。從政治和經濟等社會架構來看，中國無疑是「大國」。換句話說，中國也是各種欲望的大國。關於這一點，我想用一句話來形容。

——中國，是情欲大國。

本書將追蹤十四億人口最露骨的情欲現況，揭開中國隱藏已久的真面目。

劇變的中國性事

中華人民共和國自建國以來，一直到社會主義意識形態鼎盛的一九七〇年代，對於性事一直是極端潔癖的國家。中國共產黨廢除了以往的一夫多妻制和買賣婚姻，一九五〇年代建國初期，幾乎掃光了國內的性產業。一九六四年他們還宣稱，這些政策達到了杜絕性病的效果。

不可否認，這些政策大幅提升了女性被剝奪的人權，對社會有不少正面影響。但在文化大革命的時代，中國經歷了陳腐的意識形態洗禮，有關性的一切都被批為「走資派」餘毒，不但成人內容的刊物遭禁，就連戀愛小說都不准閱讀。根據邱海濤的著作《中國性愛文化大革命》記載，文革時期連《少年維特的煩惱》和《初戀》等文學作品都不准看。

一九七八年改革開放的政策推動後，極端的禁欲方針被廢除，男女婚前交往、養小三、買春賣春等行為也死灰復燃。然而，一般中國人對性事極為保守的狀況，還是持續了很長一段時間。

比方說，二〇〇五年英國保險套大廠杜蕾斯做過一個全球性生活調查，其名為〈2005 Durex Global Sex Survey〉。調查結果顯示，中國人的性生活滿意度只有二十二%，在四十一國當中敬陪末座。順帶一提，日本人的性生活滿意度才二十四%，是倒數第二名。日本主要不是性觀念保守，而是過勞之類的原因使然。

——不過，這已經是陳年舊聞了。

中國經濟成長一日千里，社會在短時間內有了明顯的變化。尤其二〇一〇年以後，中國的GDP超越日本，一躍成為世界第二大經濟體，平民生活水準也從都市圈開始改善。IT技術和智慧型手機的普及，讓資訊的收集傳遞更為便利，民智開化程度和衛生觀念也隨之提升，扭轉了中國人的價值觀和生活方式，就連人類最隱私的性生活領域也不例外。

性愛滿意度從世界倒數第一大躍進

比方說，中國IT龍頭「網易」（NetEase）旗下的成人用品製造商「春風」（TryFun），在二〇一八年八月公布了一份〈二〇一八，中國八〇九〇性福報告〉。

調查對象為四千名已婚和未婚人士，統計期間是二〇一七年十一月到二〇一八年四月。八十五％的調查對象，都是一九八〇年代到一九九〇年代出生的年輕人。這一份資料透露了中國ＩＴ世代的性生活現狀，請容我向各位詳細介紹。

首先，調查對象的性生活頻率，平均每個禮拜有一到兩次。其中，每個禮拜兩次以上的比例最高，佔三十一％。其次是每個禮拜一次，也有二十三％，半個月一次的只有十一％。一個月以上都沒有性行為的比例，包含未婚人士在內也才七％。

每個禮拜一次以上的男性佔五十七％，女性則佔四十％。二十六歲到四十歲的青年世代性生活最為活躍，每個禮拜兩次以上的佔四十％。撇開這是成人用品製造商做的調查不說，這也是相當驚人的數字。另外，雖然國情不同無法一概而論，但日本家族計畫協會家族計畫研究中心，在二〇一四年六月公布了一份〈日本性愛調查〉報告，根據統計，日本已婚的二十多歲男女，無性比例分別為十九．五％以及三十五．八％。三十多歲的男女，分別是二十五．一％以及三十一．七％。

春風的調查報告最有趣的地方在於，他們分析了不同地區的性愛頻率。像北京、上海那一類的大都市，每個禮拜一次以上的佔四十五％；偏遠的小都市（三線都市）則為五十七％。除此之外，內陸的四川省重慶市的居民更高達六十七．三％。或許，娛樂較少的城市，年輕人的享受也特別有限吧。

再來看不同職業和社會地位的性愛頻率。七十％的企業家和高階主管，每個禮拜一次以上。藍領階級為五十九％，普通上班族為五十二％，家庭主婦為五十％，學生只有二十一％。顯然企業家和高階主管的頻率大幅超越其他階級。

中國人的性生活充實度，似乎和收入成正比。月收超過五萬塊人民幣（相當於八十萬日圓）的階級，每個禮拜一次以上的佔七十三％。月收兩千塊人民幣以下（相當於三萬兩千日圓）的階級，只有三十八％達到此一頻率，算是相對低的數字。富裕階級的人比較容易準備性交的場所和汽車，而且又有非勞動所得，時間上也更為寬裕。跟日本相比，中國的男女關係和財力牽連更深，有錢人可以輕易花錢買到性生活。換句話說，要有各種得天獨厚的條件才能達到這麼高的數字。

另外，購買保險套和其他成人用品的消費者，多半是有大學以上學歷的已婚男性。因此合理推斷，性愛的歡愉是有錢人和知識分子的專利。據說，中國一輩子單身的貧困階級男性超過三千萬人（這些人又稱「光棍」），夜生活也突顯了中國貧富不均的現象。

來看另一份調查報告，二〇一三年中國性學會公布了〈全國網民性福調查〉，取樣自兩萬一千名以上的網路使用者。根據統計，有七十%的人每個禮拜做愛一次以上。這個數字或許跟抽樣方式有關，八十一%的調查對象是十八歲到三十五歲的年輕世代，但仍然是一個很驚人的數字。

中國性學會的調查報告還指出，有五十七%的人對性生活很滿意，更有多達九十四%的男性認為，自己有義務讓伴侶達到性高潮（不過，自認為有達成的男性只佔二十五%，更有多達六十五%的女性曾經假裝高潮）。

一九八〇年代出生的新世代逐漸成為中流砥柱，才短短十三年，性愛滿意度敬陪末座的中國有了大幅度的轉變。現在中國人甚至可以用美食外送ＡＰＰ「美團點評」，訂購情趣用品送到自家或賓館。

外遇大國

性觀念開放的中國人與日俱增，近年來外遇也有增長的趨勢。二〇一七年九月，廣東省的楊錫鋒律師在「簡書」和「知乎」等網站上，公布了一份研究報告。報告指出，中國夫妻離婚的原因，有五十・一六％和外遇有關（順帶一提，日本二〇一五年最多的離婚原因是「性格不合」，當年度的離婚申請數約六・六萬件，性格不合就佔了將近半數）。換言之，中國人外遇離婚的狀況，比日本人要來得嚴重。根據中國民政局的統計，二〇一七年中國離婚的伴侶多達四百三十七萬四千對，比前一年多五・二％，數字連續七年攀高。

在中國，離婚率較高的多半是富裕的大都市，好比北京、上海、深圳、廣州等等，離婚率介於三十五％到三十九％。中國大都市每一戶家庭可購入的不動產數量有限，有些夫妻是假意離婚，以求保有更多的不動產。因此大都市離婚率高，也跟這一點有關。但先進的都市價值觀更為開放，真正離婚的夫妻也不在少數。像北京和上海，就稱得上中國外遇問題最嚴重的都市。

楊錫鋒公布的報告，還列出了各性別和職業的外遇離婚排行榜。首先，來看哪五種職業的男性最容易外遇。

一、IT業　十．六％

二、金融業　八．二％

三、教育業　六．五％

四、醫師　四．六％

五、律師　三．八％

這一列看下來都是收入較高的職業，前面那一份〈二〇一八，中國八〇九〇性福報告〉也有提到，富裕階層的性生活頻率較高，兩者不謀而合。

再來，來看哪五種職業的女性最容易外遇（同為教育領域，男女的表記方式不一，報告中並沒有提到原因。或許，「教育業」包含了大學教授和其他研究職缺吧）。

一、家庭主婦　十八・六%
二、教師　十三・八%
三、醫師　八・六%
四、祕書　七・二%
五、工程師　六・一%

各位是不是也覺得……這結果有幾分道理？順帶一提，中國女性的社會參與度比日本要來得高，會當家庭主婦的多半是有錢人的妻子。而中國女性外遇最大的動機是追求刺激，佔六七%。

根據日本海外資訊誌《COURRiER Japon》（クーリエ・ジャポン），在二〇一五年十月二十一日發布的網路報導，中國已婚男性的外遇比例為十三・六%，其他

國家的平均為十三．二%，差異並沒有很大。已婚女性的外遇比例為四．二%，遠高於其他國家的平均〇．八%。中國人民大學和美國芝加哥大學的學者在二〇一二年共同研究中國人的外遇行為，上面提到的數據就是來自他們的研究報告。報告最後下了一個結論，中國女性相較於其他國家的女性，有更容易外遇的傾向。

近年來都市區域的智慧型手機普及率超過九成，可能也是外遇問題嚴重的因素之一。中國的人際關係較為親密（已婚人士上網找異性聊天沒太多顧忌），手機成癮的人也越來越多，甚至被戲稱為「現代版的鴉片中毒」，大家一有空閒就玩手機。像微信（WeChat）那種類似LINE的通訊軟體，還有交友軟體陌陌（MOMO），也成為中國男女尋找外遇對象的溫床，素有「婚姻殺手」的惡名。

政治影響「性事」

前面談到了中國年輕人正常的性生活現狀，以及夫妻外遇的問題。當然，中國人的性事和情欲話題，可不只如此。

為了帶大家深入了解情欲大國的真面目，本書還會談到中國的性產業，以及充氣娃娃（情趣娃娃）和成人用品的相關話題。連日本AV（成人影片）女優和中國的關聯，也有深入的剖析。除此之外，我還會從LGBT族群（尤其是同性戀和跨性別者）的角度，介紹中國近年來多元化的性別議題。

中國在共產黨一黨專制的統治下，「政治」對平民百姓的生活有很大的影響。所以很多時候表面上是在討論「性事」，其實卻牽涉到背後的「政治」。

性愛和情欲是人類的終極欲望，請大家跟我一起透過這層濾鏡，來深入了解中國現代社會的陰暗面。

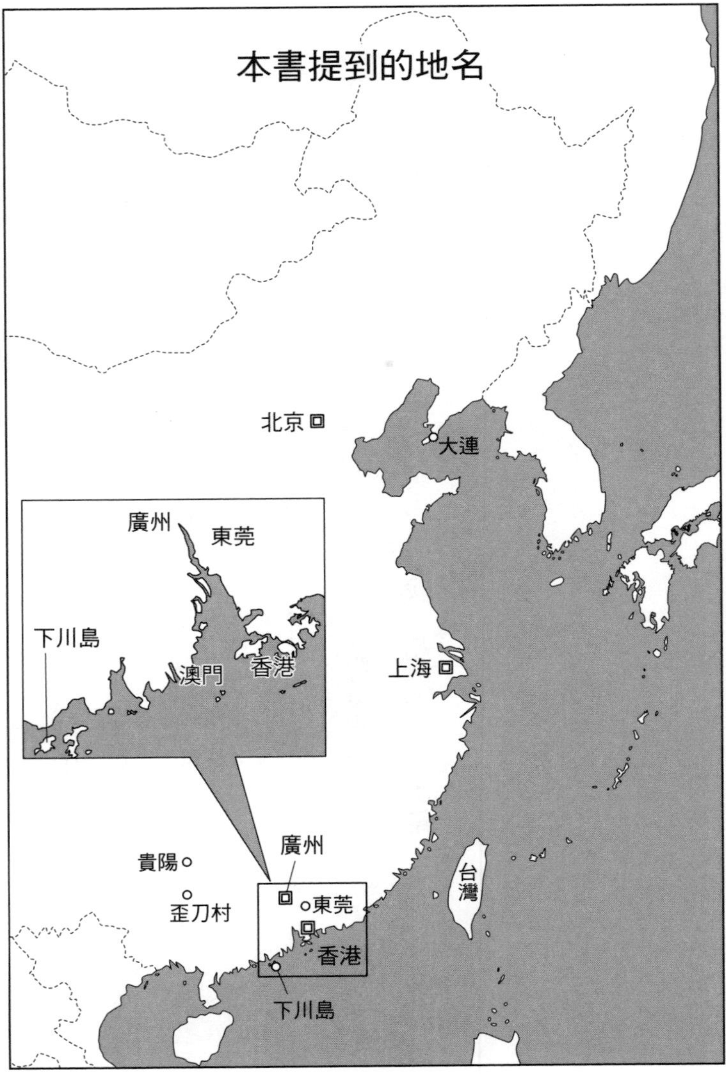
本書提到的地名
北京
大連
上海
台灣
貴陽
歪刀村
廣州
東莞
香港
下川島
澳門

第一章

拜金的性都——東莞興亡記

二〇一四年三月，政府掃黃過後，我前往當地的高級旅館太子酒店，想要了解內部的三溫暖還有沒有性服務，結果被門口守衛擋了下來。

鏡面裝潢的商務旅館

我用旅館房卡打開房門，一看到室內裝潢就傻眼了。

近年來中國的物價飛漲，有時候住旅館比在日本還要花錢。二〇一九年一月我去中國採訪的時候，這家四星級旅館的房間，住一晚只要一百八十八塊人民幣（相當於三千日圓），算是非常划算的選擇。房間中央放了一張特大號雙人床，還有足以讓成年人躺平的沙發。室內面積十分寬敞，印象中應該超過三十五平方公尺。

然而，室內找不到書桌，因為過去來這裡住宿的人，沒有一個是來這裡洽公的。

奇怪的是浴室沒有浴缸，淋浴間卻異常寬敞，幾乎放得下一張小床墊，這種設計實在令人費解。不僅如此，淋浴間是用玻璃帷幕隔成的，裡面也沒有用來遮蔽的簾子。在房內的人一眼就能看到淋浴的景象。

後來我才察覺這裡空間寬敞的理由。首先，四周圍的牆上貼滿了鏡子，倒頭躺在床上也看得到天花板有鏡子。換言之，你洗完澡走出淋浴間，房內大量的鏡子就會映照出你赤條條的身影。

室內的照明異常昏暗，我按下床頭邊的燈控按鈕，想把燈光調亮一點，不料燈光變成了煽情的粉紅色。浴室面積特別寬敞，大概也是要放泡泡浴的氣墊吧。

過去有很多男男女女，在這一間客房裡享受魚水之歡。

可是，一千對男女當中應該找不到一對是真心相愛的吧。更有甚者，他們從頭到尾都不知道對方的名字和年齡。

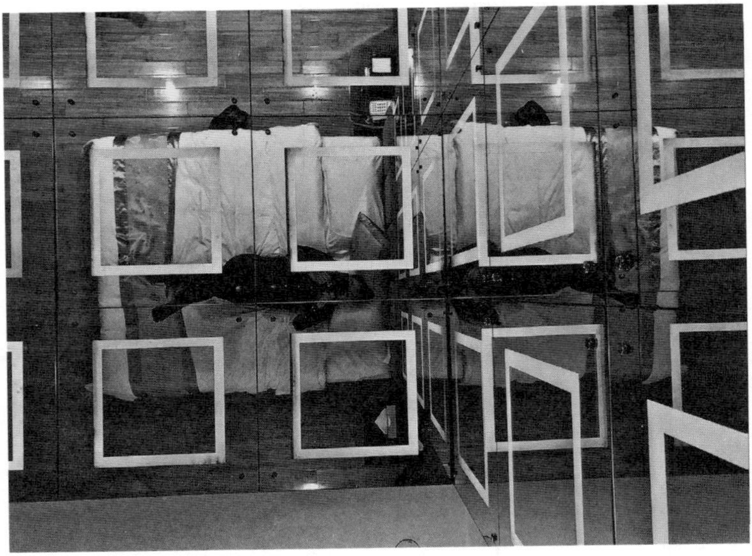

我躺在匯美酒店的床上，仰望天花板的鏡子。

這裡是廣東省東莞市常平鎮的匯美酒店，往年還有附設情色三溫暖（中國版的泡泡浴）供客人尋歡。而這一間客房，過去就是客人和小姐快活的地方。

五年前，東莞還是全中國規模最大的性愛之都，更有「性都」和「東方阿姆斯特丹」之稱，直到二〇一四年二月才變了樣。舉凡招待貴賓用的高級情色三溫暖、KTV（可帶小姐出場的高級夜總會），乃至服務農民工的廉價妓院，全都應有盡有。據說，東莞全盛時期的性工作者超過三十萬人。

其中，匯美酒店和一旁的君悅大酒店，這兩家旅館的情色三溫暖堪稱是東莞情色產業的代名詞。主要的客群是香港人，其次才是台灣人和在地的中國人；日本人對這兩家情色三溫暖也頗有好評，現在上網搜尋一下，還能找到部落格上的尋歡遊記。

不過，二〇一四年二月習近平政權實施雷厲風行的掃蕩，那些明目張膽營業的風月場所全都被抄了。尋歡的繁華榮景不再，如今東莞已經是非常乾淨的城市，對情色產業的取締甚至比中國其他都市還嚴厲。

話說回來，中國人物盡其用的精神真令人嘆為觀止。

現在住宿的客人銳減，旅館業者就把已經用不到的三溫暖炮房，直接當成客房提供給住宿的客人，完全沒有進行改裝。住宿價格比其他客房便宜八十塊，但在客人入住的時候也都沒事先說明一下。萬一你帶家人去旅行，不小心訂到那種客房，全家人可就得度過尷尬的一夜了。

我住的那一間「炮房」在四樓。過去尋歡的客人在三樓享受過三溫暖後，小姐會陪他們來到四樓共度春宵。

「東莞已經沒得玩了嗎？」

一位五十多歲的服務員幫我送來手機充電器，我向他請教東莞的現況。

「都沒得玩了啦。客人，您很久沒來東莞是吧？」

「五年沒來了，所以現在真的都沒得玩了？」

「是啊，時代不一樣啦。」

一閃一閃的粉紅光芒照在服務員臉上，顯然他認為我問了一個蠢問題。

迅速轉向拜金主義的廣東省

在描述東莞淪為「性都」的過程之前，先來解說一下廣東省過去的性產業。中國性產業的歷史，要從一九七八年鄧小平提倡改革開放政策談起。

中華人民共和國自一九四九年建國以來，在社會主義的思潮影響下，人們普遍認為致富是一件罪大惡極的事，但鄧小平主張讓一部分人先富裕起來，再帶領大家一同富裕。因此，中國從一九七八年底開始，逐步開放經濟限制，引進外商投資。直到天安門事件之後，鄧小平在一九九二年發表南巡講話，經濟自由化的浪潮才正式席捲中國全境。可是，廣東省的珠江三角洲一帶，其地理位置離香港和台灣較近，海外企業也更容易進駐。因此在一九八〇年代前期，廣東省就已經奉行拜金主義了。

廣東省離北京三千公里之遙，在語言和文化上跟中國主流的華北文化圈大相逕庭，也不太在意北京的意識形態約束。另外，初期進駐廣東省的海外企業（香港和台灣企業），多半是製造業。工廠需要新建，城市的基礎建設也要發展，藍領階級的就業需求明顯增加。

然而，拜金主義橫行的後果，導致人們為了賺快錢不擇手段。中國各地年輕的便宜勞力都湧入廣東省，大量進駐的香港和台灣商人收入動輒是一般中國人的十倍以上，警察的取締又不嚴厲，也難怪賣春產業猖獗。

中國是社會主義國家，表面上是禁止買春和賣春的。但天安門事件發生後，共產黨在九〇年代放寬對中國人民的箝制，只要人民不要求民主化、不批評共產黨專制，政府也不太追究竊盜、小額詐欺、買春賣春之類的微罪。

尤其廣東省形同無政府狀態，連其他地方的中國人都會怕。

「我以前任職的公司，位在廣州郊區的永和經濟開發區。一九九〇年代後期，那裡的狀況真的很糟。街上有很多窮凶極惡的罪犯和強盜，公安（警察）一遇到就拔機關槍掃射。我在公司上班，經常聽到外面槍聲大作。違法藥物他們也沒在管的，冰毒（一種興奮劑）根本隨處可見。」

這是東莞市的企業家佐近宏樹先生告訴我的，他一九九六年就在廣東省工作了。

當時廣東省的賣春亂象，他是這麼形容的。

「公園裡有搭小破屋，講好聽叫『卡拉ＯＫ』，其實裡面也有年輕女孩接客。普通民眾帶家人去電影院或劇場看戲，場內也有女性收錢幫人打手槍。男性獨自去旅館投宿，一進房間就會接到電話，問你要不要叫小姐，幾乎每一家旅館都是那樣。住宿的時候電話一直響個不停，吵得我不堪其擾，一進房間就直接拔掉電話線。」

這並不是多特別的經歷，過去男性在廣東省的街上獨自行走，很容易遇到「陪的」小姐（廣東話的計程車叫「的士」），問你要不要到車上享受性服務。街上到處都是皮條客和阻街女在拉客。去海邊玩有陪泳小姐，以陪泳之名行賣春之實。去山上踏青，也有導遊小姐做一樣的事情……總之陸、海、空（山）還有各種你想得到的場所，賣春都是司空見慣的事情。除了上述提到的場所，網咖也有小姐用教電腦的名義賣春。被稱為茶館的中國式喫茶店，包廂裡也有「接客」的小姐。

根據佐近先生的說法，省會廣州最具代表性的五星級旅館花園酒店，一九九〇年代大廳裡也擠滿一堆性工作者。花園酒店裡的小姐「檔次」比街上的妓女高一些，她們會付給門衛一百元的規費，取得跟高級旅館的客人做生意的權利（日本國駐廣州總領事館的辦公室，多年來都設置在那家旅館當中）。

至於情色三溫暖或ＫＴＶ，這些服務外國旅客和國內富豪的性產業，也發展得十分蓬勃。一九八〇年代這些性產業自廣東省興起，逐步擴展到全國各地，到了一九九〇年代連首都北京也有性產業了。

整條路上都是「粉味髮廊」

不過，當時做窮人生意的性產業就更複雜了，佐近先生說道。

「路上的公園有很多六、七十歲的大媽，她們賣春的對象主要是民工（從農村到大城市賺錢的勞工），一次三塊到五塊人民幣（按照當時匯率，相當於四十五到七十五日圓）。那個年頭中國公園有許多保險套的自動販賣機，就是這個原因。」

粉味髮廊（又稱色情髮廊）則是服務比較「體面」的在地中國人。講好聽叫髮廊，但根本沒有提供理髮的服務，實際上就是小型妓院。一次消費是三十到五十塊人民幣（按照當時匯率，相當於四百五十到七百五十日圓。二〇〇〇年以後，價位是一百塊到兩百塊人民幣）。那就是赤裸裸的性產業設施，純粹提供性服務。只是，店內多半是來自農村的小姐，年齡介於十五歲到二十五歲。不計較衛生問題的香港人、台灣人、日本人，也會去那種地方消費。

二〇〇五年以前，粉味髮廊的數量盛極一時，就連現在素有先進美名的深圳，當時市區也有一堆粉味髮廊。郊外還發展出了粉味髮廊的專區。

「有的城鎮裡，路上的店家全都是粉味髮廊。你前腳踏進鎮上，就有一百多個小姐跑出來圍著你。走過大馬路，還有公安經營的愛情賓館，就開在公安管理的區域。」

中國各地公安的要職，都是當地有錢有勢的富二代佔缺。性產業一向有極大的商機，當地的有力人士也會來分一杯羹。換句話說，本該取締性產業的公權力，反而搶佔了性產業的大餅。

另外，深圳中心和其他人口密集的地區，有一些零星的城中村（就是貧民窟，居民多半是來自鄉下的農民工，又稱為「都市中的農村」，屬於低所得地區）。城中村裡也有妓院，廣東話叫「雞兜（妓女之家）」。價格和服務內容都跟粉味髮廊差不多。

男性在這些街區行走，會有皮條客帶你去附近的老舊公寓。寓所中有幾位年輕女性和媽媽桑（又稱媽咪），客人先挑喜歡的女孩子，再前往隔間裡快活。深圳福田區的上沙村、下沙村、沙嘴村合稱「三沙」，是人盡皆知的妓院密集區。當地人和香港人還笑稱那裡是「深圳的芭達雅」，三沙的賣春亂象就是這麼出名（深圳的「三沙」不過是骯髒的貧民窟，跟泰國的度假勝地芭達雅差多了）。

東莞繼承了性都之名

不過，二〇〇五年過後，廣州和深圳等大都市幾乎看不到粉味髮廊或妓院了。經濟發展帶動地價上漲，握有土地使用權的人認為，與其跟性工作者收租，不如炒房產還賺比較多。再者，二〇一一年深圳辦過世界大學運動會後，廣州和深圳有更多機會舉辦大規模的國際盛事，那些在街上有礙觀瞻的情色產業就被取締了。

二〇〇六年十一月，政府大規模掃蕩深圳「三沙」，買春的男客遭到逮捕，其中有十一名香港人；許多性工作者和相關人士被換上黃衣，拖到街上遊街示眾，總數約兩百人（在中國「黃色」有色情的含義）。反體制的海外華人媒體「阿波羅新聞網」報導，當時有中共高官到廣東省視察，因此深圳公安大力掃蕩，以討上頭歡心。這位高官就是時任中共中央政治局常務委員的吳邦國。

當然，之後廣州和深圳還是有性產業存在，只是規模大不如前。直到二〇一四年二月，廣東省全境爆發大規模掃蕩才銷聲匿跡。深圳「三沙」的性產業覆滅後，羅湖口岸附近的向西村還有大規模的妓院街。該地與香港相鄰，妓院街一直頑強存續到二〇一六年左右，現在也幾乎消失了。

二〇〇五年過後，廣州和深圳的性產業「沒落」，性產業大舉流入東莞。東莞介於廣州和深圳的中間，當年還是一個純樸的工廠都市。東莞變成「東方的阿姆斯特丹」之前，其實還有這麼一段故事。

雷曼風暴造成性工作者激增

東莞成為中國第一「性都」，已經是二〇〇八年以後的事了。

雷曼風暴導致的全球金融危機，是最直接的原因。

當年，中國祭出四兆元的財政補救措施，防止經濟混亂的衝擊擴大，也確實把傷害壓制在最低限度。然而，東莞的製造業主要生產外銷的高科技零件，因此免不了重創，許多中小企業面臨倒閉和付不出薪資的危機。

在這一波危機中生存下來的，主要是體質優良、勞動管理嚴格的企業。例如，後來收購夏普的台灣電子代工大廠鴻海精密工業，以及生產汽車和ＩＴ零組件的中資企業比亞迪（ＢＹＤ）。二〇一〇年，位於深圳的兩座鴻海工廠，短短五個月內有十二名中國青年自殺，一度引發社會關切。同時，中國勞工的人事費用上揚，企業提供的待遇逐漸不符合勞動者的期望。

「東莞原本的主要產業，是生產高科技零組件的製造業。生產零組件用不了多大力氣，所以女性員工並不少。後來世界金融危機衝擊當地製造業，許多年輕女性受不了低薪的苦差事，紛紛轉行從事性產業。」

二〇一四年三月，我在東莞市採訪某位日籍商務人士，上面這段話就是他告訴我的。

當年，珠江三角洲一帶的中國女員工，平均月薪是三千五百塊人民幣（相當於五萬六千日圓）。不過，年輕女性去當性工作者，幾個晚上就能賺到一樣多的錢。至於不願意出賣靈肉的女性，只要去按摩店幫買春客按摩，或是去美容院幫性工作者美容，賺的錢也比一整天組裝機械要來得多。

於是，搶先在東莞夜生活圈賺錢的女性，找來家鄉的親朋好友一起賺快錢。還有鄉下女性透過掮客來到東莞賺錢，東莞的性工作者數量不斷增加。根據香港媒體的報導，在二〇一四年二月大舉掃黃以前，東莞的性工作者多達三十萬人。連相關產業的人口也算進去的話，恐怕不只這個數字。

打手槍就有三萬日圓小費

「感受過東莞那種拜金的氣息，就再也沒法回去普通職場上班。薪水高一點的工廠管得很嚴，工作又忙碌，沒人想做。可是，工作輕鬆的工廠薪水又不高，也是幹不下去啊。還是以前好啊，客人會送一大堆禮物，小費也給得很多……」

這是來自江西省贛州市的女性告訴我的。她以前在一家叫怡心閣的腳底按摩店上班，那一家店位於東莞市的東城區，是東莞的鬧區之一。二〇一一年她才十九歲，一開始先到東莞的工廠上班，二〇一二年就轉行做腳底按摩師了。她並不是性工作者，但據她所言做腳底按摩也很有賺頭。有不少客人隨便就打賞一千港幣的小費（相當於一萬四千日圓），大概是紙醉金迷的生活過慣了，出手也特別闊綽吧。

「我真的沒有做性服務，但有客人給我兩千塊人民幣（相當於三萬兩千日圓），要我幫他打手槍。那時候我覺得很噁心，沒有接受他的提議。現在回想起來，當初真應該接受的。」

再來看某位男性服務員的經歷，他以前在情色三溫暖上班。他的名字叫譚茂陽，過去在龍華新區的景樂新村生活（通稱「三和」地區），那裡位於深圳市的郊區。他每天只顧著玩網路遊戲，過的是有一餐沒一餐的廢人生活（我的著作《中國盡頭》〔さいはての中国〕也有提到這號人物）。他曾經四處漂泊，跑到東莞的情色三溫暖當小弟。

「香港客人小費給得很慷慨，有時候一個月收入將近兩萬塊人民幣（相當於三十二萬日圓）。小姐大都來自四川省、重慶市、湖北省、江蘇省，都長得很標致。我當上領班以後，還負責訓練新人的待客技巧。」

順帶一提，譚先生把賺來的錢拿去經營餐飲店，可惜血本無歸。之後沉迷線上博弈，所有的積蓄都輸光了，於是淪落到三和，過著有一餐沒一餐的生活。不過，東莞的工作聽起來確實有不少「甜頭」。

ＫＴＶ

說到東莞當年的性產業，來提一下具體的服務內容好了。

二〇一四年三月，我在《週刊 PLAYBOY》（週刊プレイボーイ）寫過東莞性產業瓦解的報導，以下的內容是四十多歲旅日華僑（來自廣東）告訴我的。二〇一〇年前後他經常到東莞出差，一有機會就到常平鎮尋歡，那裡是東莞最大的鬧區。

由於內容和性產業有關，有些形容方式也特別露骨，但也不失為了解中國社會陰暗面的一種資料。首先，來看中國夜生活的主流娛樂ＫＴＶ（夜總會）。當年東莞的ＫＴＶ狀況是這樣的：

> Ｋ是指卡拉ＯＫ的意思，ＫＴＶ則是可以帶小姐出場的夜總會。每一家規模各有不同，有的ＫＴＶ在住商混合大樓或旅館內，包下一整層樓營業，也有那種跟城堡一樣大的ＫＴＶ。

有的高級KTV規模龐大，陪侍小姐多達千人，長相連日本藝人都相形見絀。客人要先到寬敞的大廳裡挑選小姐，整座大廳幾乎跟體育館差不多大。

二〇一〇年那時候的收費制度是這樣的，五、六個人去消費，酒錢和開房費大約是兩千塊人民幣（相當於三萬兩千日圓）。另外還要給小姐小費，小費的標準也有規定，好比「二—五—八」或「三—六—九」。

就以「三—六—九」來說，三的意思是不給帶出場（打包）的小姐收三百塊小費，六是帶出場性交一次收六百塊小費，九則是共度一夜（過夜）收九百塊小費。二〇一四年大舉掃蕩之前物價上漲，價碼也漲到了「五—八—十一」，也有「六—九—十二」的。

去KTV玩就是喝酒擲骰子，基本上男客輸了就罰一大杯，小姐輸了要親男客一下，或是給男客摸奶，當然也有更過火的懲罰遊戲……常平鎮有一家叫亞馬遜的KTV玩法更特別，男客都脫掉上衣，跟全裸的小姐一起喝個爛醉，還有人揉著小姐的胸部跳舞狂歡。

儘管消費金額頗高，但生意還是非常好。大部分ＫＴＶ都是傍晚六點開張，男客都搶著指名可愛的小姐坐檯。一到週末，備足銀彈的香港好色大叔們，下午五點半就在店門前排隊了（笑）。

至於帶小姐出場，也不是馬上就去賓館上床，通常先去附近吃飯喝酒，等吃飽喝足才去開房間。進房間後男客就不用花錢了，小姐的態度也變得很冷淡，服務好不到哪裡去。那些小姐只是長得漂亮，抱起來可不怎麼愉快。

ＫＴＶ跟後面將提到的情色三溫暖不太一樣，性行為反而不是重點。想跟朋友飲酒作樂，順便享受一點粉味的人，才適合去ＫＴＶ。ＫＴＶ有點類似高級的酒店。ＫＴＶ提供的服務，也適合拿來招待生意上的客戶。我聽好幾個住在當地的日本人說，他們私下很少去ＫＴＶ，通常是招待中國、香港、台灣企業的相關人士，或是接受對方的招待才會去ＫＴＶ。

「螢火蟲」和「高爾夫」，瘋狂的中國式餘興節目

不過凡事總有例外，廣東省不久之前還是一個只認錢不認規矩的地方。有些富裕階層喜歡更變態、更低俗的玩法，好比中國的貪官和黑道之流。當這些人去KTV尋歡，店家也會提供各種荒淫的享樂。

這些有錢人去KTV玩的時候，都是提著一個鋁合金的手提箱，裡面塞著滿滿的百元鈔。店家會派大約三十個小姐全裸陪侍，一群人就在包廂裡極盡荒淫之能事。

酒宴開到一半，會有專門表演「活春宮」的小姐進房。她們就在眾人的環伺和鼓譟中，當場跟男客做愛，做完就拿兩百塊小費離開。通常都是姿色或身材比較差的小姐，才會負責表演活春宮。

有的香港人和台灣人喜歡更變態的玩法。好比整張臉貼到全裸小姐的陰部

上，這種玩法叫作「洗臉」，貼到奶子上就叫「洗面奶」。這還算是比較普通的玩法。

其他還有很多更變態的玩法。例如，把去皮的西瓜串在勃起的陽具上，讓那些小姐去啃食西瓜，這種玩法叫作「過山洞」。把點燃的香菸插進小姐的肛門，關掉室內的電燈，看著小姐在室內跑來跑去，這叫「螢火蟲」。讓全裸的小姐躺下，在她們身上放小番茄，男客用陽具當球桿，把小番茄敲進小姐的肚臍，這叫「高爾夫」。還有男客叫小姐尿在酒裡，再舉杯痛飲（這叫「神仙水」）。另一種玩法則是用陽具攪拌雞尾酒，叫小姐喝下去（這叫「長壽酒」）。總之，有各種千奇百怪的餘興節目。

中國的各大論壇上，不時有人介紹KTV這些低俗的餘興節目。很多年輕的網友看了也直呼荒唐。

然而，早年日本的酒宴餘興和脫衣秀表演，也有在女性陰部插花或插香菸的惡行，日本人稱之為「花電車」。或許，日本和中國（以及香港、台灣）都有一樣低俗的癖好。說不定用金錢和權力糟蹋別人，讓他們感到很愉快吧。

現在東莞經過大規模的掃蕩，往日的KTV也蕩然無存了。街上還有不少店家標榜「量販式KTV」，這些店跟日本的卡拉OK店差不多，基本上是健全的設施。

比《金瓶梅》更變態的情色服務

接下來要介紹情色三溫暖，情色三溫暖號稱是東莞性產業的代名詞。

習近平政權認真肅清貪官汙吏和黑道，是二〇一四年到二〇一五年的事情。在此之前，中國各地都有情色三溫暖。不過，從服務系統和服務內容上來看，東莞的情色三溫暖都是首屈一指的。其他地區的情色三溫暖只是模仿東莞，水準也比不上。那我們來看看過去的服務概況吧。

簡單說，情色三溫暖就是中國版的泡泡浴。玩一次兩小時，強制榨精兩次，價格是六百塊到八百塊人民幣（相當於九千六百到一萬兩千八百日圓）。有時候透過老主顧介紹，只要四百塊人民幣就好（相當於六千四百日圓）。情色三溫暖的主要客群是香港人，香港人任性又難伺候，所以店家的服務水平非常高，連接待的小弟也訓練有素。

客人前來消費，店家會先帶他們到休息室，再找來三到五名小姐供客人挑選，找不到喜歡的小姐就換下一組。

挑選小姐還有所謂的「保留制度」，例如先從第一批小姐中保留一名候補，然後叫第二批小姐進來。挑過幾輪以後，讓好幾名候補小姐排在一起，最後決定要挑哪一位小姐。通常客人挑完小姐，店內的小弟會來推銷各種額外付費的成人用品，好比套在陽具上的公雞環（上面還有會發光的ＬＥＤ）、日本製的超薄保險套、按摩棒、粉紅跳蛋等等。

東莞的性產業瓦解，主要跟中國國營電視台ＣＣＴＶ（中國中央電視台）的揭密報導有關（容後表述）。報導中介紹的選妃方式，是讓半裸的小姐隔著雙面鏡跳舞，其實還有很多挑選的玩法。不少店家的小姐還會扮成護士、空服員、戴眼鏡的女老師、水手服高中生、迷你裙警官等等，小姐的姿色也都非常好。

挑完小姐，終於要享受五花八門的性服務了。在此先聲明一下，下面會有一些很露骨的內容。

男客挑完小姐後去炮房，全身脫光躺在床鋪上。小姐就騎在男客身上，聽著動感的音樂表演脫衣舞。小姐會擺出性感撩人的姿勢，花上一段時間跳脫衣舞，華人男性似乎很喜歡這種玩法。男客也不用去洗澡，小姐會先用毛巾擦拭男客的陽具，擦完就幫男客口交。之後在床上做愛，先讓男客射一發出來。

之後，小姐幫男客洗澡和按摩，等男客放鬆了再提供各種特殊的性服務。

小姐輪流含著冰水和熱水，幫男客口交的玩法，稱為「BF（冰火）」。用舌頭舔遍男客全身上下稱為「MY（漫遊）」，用舌尖挑逗肛門稱為「DL（毒龍鑽）」。把爽身粉撒在男客背上，再用乳房愛撫稱為「XT（胸推）」。其他還有各種莫名其妙的服務，好比男客在腳趾套上保鮮膜，插入小姐的性器；或是小姐吊掛在天花板的紅色布條上，用特技表演的高難度動作，幫男客口交等等。特殊玩法都享受過以後，最後再打一炮做總結。

另外有一種玩法叫「雙飛」，就是同時叫兩個小姐來伺候。小姐的薪水取決於每天接客的人數（努力點的一天會接幾十個人），因此多半是小姐推薦客人玩「雙飛」。比較常見的組合是長相漂亮但技巧欠佳的小姐，搭配技巧熟練但姿色較差的小姐。用這種方式搭檔，技術較差或姿色欠佳的小姐，同樣能賺到穩定的收入。

順帶一提，多人玩法不只「雙飛」，還有「三飛」和「四飛」。有些香港人和中國的有錢人甚至會玩到「十飛」，大概是想展現自己的男性雄風吧。

我很喜歡東莞的三溫暖，也常去那裡享樂。小姐差不多都是二十到二十四歲，大部分人都有在工廠上班的經驗。也有人本來在家鄉的ＫＴＶ陪酒，看到東莞的錢好賺，才跑來東莞做情色三溫暖。

東莞的三溫暖服務被喻為「莞式服務」。香港和中國的好色大叔，還戲稱東莞的服務水準稱得上「東莞式ＩＳＯ（國際標準）」。「莞式服務」的盛名在華人圈內無人不知、無人不曉，海外華僑界也常用「莞式服務」一詞，來當作情色廣告的宣傳文案。

不管怎麼說，東莞的情色產業確實發展出一種次文化。

最底層的尋歡場所

東莞的另一個面貌是工業之城，這裡也有來自中國各地的農民工。他們的財力不足以去ＫＴＶ和情色三溫暖消費，便宜的妓院就成了他們發洩欲望的管道。

東莞的便宜妓院和深圳的「三沙」大同小異，只不過東莞不是開在一般住宅當中，而是用整棟便宜的旅館來當妓院，像這類地方又稱為賓館或招待所。以下就來介紹這些尋歡場所的概況。

這種妓院的消費水平很低，一次是一百五十塊到兩百塊人民幣（相當於兩千四百到三千兩百日圓）。店內也沒有漂亮的小姐，不少小姐看上去土里土氣，連化妝都懶。然而，她們的年紀都很輕，多半介於十八到二十五歲。常平鎮匯美酒店後邊的至尊公寓，相對來說算是水準比較高一點的便宜妓院。

有的小姐辭掉作業員的工作，但擠不進情色三溫暖，只好來這裡賺皮肉錢。也有不少可憐的鄉下女子被騙，以為來到都市有正當的工作，結果被賣來妓院。很多小姐一看就不習慣賣淫，我也不忍心花錢買她們，一部分小姐看起來真的很害怕。

往年的至尊公寓，小姐都待在同一間休息室裡。客人先造訪休息室挑選小姐，再到同一層樓的其他客房性交易。媽媽桑就待在休息室，只靠一支手機，獨自管理所有的小姐。

性交易的內容很單純，兩人進房間就直接脫衣服，洗澡也是分開洗，洗完就上床。除了性交也沒別的可玩，頂多十五到二十分鐘就結束了。

我是請一個中國熟客帶我去的，消費完我就去休息室，跟那些小姐聊天打麻將。服務本身沒什麼樂趣，但事後那種放鬆的氣氛我挺喜歡的。

另外還有派遣式的類型。客人打電話聯絡媽媽桑，媽媽桑就會派車載五到七名小姐，前往客人指定的旅館。小姐的價格、水準、服務內容，也跟便宜的妓院差不多。像這種妓院的媽媽桑，都是路邊的雜貨店或水果攤的歐巴桑兼差的。

一想到那些小姐賺皮肉錢的原因，委實令人同情。中國社會對「條件不好的人」真的非常殘酷，貧窮的農民工根本交不到女友，只能用自己的一點積蓄，去低端的場所消費。而在那裡出賣靈肉的女性，際遇也和他們相去不遠。

金色炮房榮景不再

「……這裡也是鏡面裝潢啊。」

讓我們回到本章一開頭二〇一九年一月的東莞市內。

這一天，我改到美怡登酒店投宿，這一家旅館和匯美酒店相距一百五十公尺左右。美怡登酒店的客房也和匯美酒店一樣，裝潢都有一種煽情的風格。

只不過，這裡過去不是情色三溫暖的炮房，而是男客帶KTV小姐來開房間的地方。唯一共通的是，室內都有大量的鏡子。裝潢也是俗不可耐的洛可可奢華風格，電燈一關掉，鏡框就會發出金色的光芒。浴室的天花板也全是鏡面。

如此煽情的客房，再也無法像過去那樣夜夜笙歌了。

一旁的匯華國際飯店和君悅大酒店，過去也有相當知名的情色三溫暖和KTV。現在這一類尋歡場所都關閉了，純粹是很健全的旅館。旅館內滿冷清的，感覺也是勉強維持營運。

尤其滙華國際飯店的大廳特別寬敞，聽當地人說，往年很多香港人和日本人，會帶一大批小姐坐在沙發上。現在已經看不到那種景象了，寬敞的大廳只給人冷清的印象。旅館旁邊的大型飲茶店，過去也都是客人帶小姐去消費，現在只剩攜家帶眷的遊客。

小巷裡的「至尊公寓」我也去看了一下。我一進去公寓，兩個在櫃台喝茶的歐巴桑，冷冷地問我要幹嘛。我問她們以前的賓館（妓院）還在不在，歐巴桑說已經沒了。這裡的妓院在政府大舉掃蕩下，生意也做不下去了。

在常平鎮擔任司機的五十多歲男性，對我說了這麼一段話。

「老實說，政府大舉掃蕩以後，這裡生意都不用做了。以前那些小姐和客人都會叫車，小費也給得很多。現在還是有工廠的職員叫車，日子倒也過得下去，但你看不到過去的榮景了。」

我搭他車子的時候，看到窗外有一棟綠色的大型建築，據說以前也是規模很大的情色三溫暖。不過，大約從二〇一七年開始，中國吹起了一股新創產業的投資和創業潮，很多建築物都改建成創業支援中心，也有改建成安養中心和網咖的例子，看來時代真的變了。

改用「微信」賣淫

「這五年來政府管得特別嚴，你稍有一點可疑的舉動，公安馬上就來抓你。所以，不要讓人家誤會你在做性交易。只要你孤男寡女共處一室，而你又不知道對方姓名，就算你們都沒脫衣服也會被抓。」

滙華國際飯店裡有一家日本人開的俱樂部。當天晚上，俱樂部的媽媽桑好心告訴我上面那段話，她來自四川省綿陽市。

事實上，東莞的性產業只是轉移到檯面下。在當地工作的台灣人也知道微信可以叫小姐。價格是一千塊人民幣（相當於一萬六千日圓），而且只做老主顧的生意。

除此之外，使用微信「附近的人」功能進行搜尋，也可以找到援交女或色情仲介，花費大概是四百塊到一千塊人民幣（相當於六千四百到一萬六千日圓），這樣的現象也不是東莞獨有。在日本LINE已經成為援交和賣淫的溫床，中國也有同樣的現象。

可是中國人都很清楚，微信上的交流受到政府的監控。

「幹壞事絕對躲不掉。」

近年來，中國境內大量增設監視器，公安透過網路掌握人民的情資，並將資料儲存在雲端上分析，強化治安管理。這幾年，中國的科技發展在廣東省和部分地區迅速崛起，一部分的監視器還有人臉辨識功能，人工智慧可以馬上過濾可疑人物。

再加上中國是社會主義國家，旅客登記住宿時出示的護照或身分證等資料，乃至旅館內的監視器影像，民間企業幾乎是半自動提供給公安。即便旅館的走廊是私有地，只要男客和可疑的女性在一起，照樣躲不過公安的法眼。幹壞事絕對躲不掉，可不是說說而已。

二〇一四年二月掃蕩過後，東莞的性工作者大都回工廠或家鄉討生活，少部分人則逃到管制較為寬鬆的上海（二〇一九年上海還是有一些情色三溫暖和KTV，發給當地日本人的免費報紙上，也有公然刊出性產業的廣告）。

廣東省還有一種奇怪的共識。在東莞以外的都市，只提供「打手槍」的服務不會被抓。因此，其他地方還有半套的性產業。位於東莞北面的惠州市博羅縣，也有提供性交服務的情色三溫暖，想玩的男客只能去那裡消費。惠州市比東莞落後，博羅縣又是偏遠地區，據說連公安也管不著。

不過，性產業「觸犯政治禁忌」已經是廣東社會的共通認知了。就算去博羅縣消費，也無法像以前那樣玩得安心了。

換句話說，現在去中國最好不要尋歡作樂，尤其在東莞更是如此。

掃黃與周永康失勢的關聯

一直以來，每逢農曆新年或共產黨幹部視察，還有共產黨全國代表大會召開的時期，中國各地會加強掃蕩非法情事（又稱嚴打），取締性產業也時有所聞。實際上，這些取締只是做做樣子，通常嚴打期結束又會恢復往日光景。然而，二〇一四年二月在東莞實施的大規模掃蕩不同以往，過去中國對性產業的默許，在這次掃蕩後被嚴格禁止了。

原因無他，掃蕩東莞其實背後有習近平政權強烈的政治目的。

東莞民間謠傳，東莞的性產業和薄熙來（二〇一二年春天失勢的中國共產黨高官，前重慶市黨委書記）牽連甚深，所以才被掃蕩一空。旅居美國的知名政經學者何清漣，二〇一四年二月在中文版的「美國之音」表示，東莞是習近平的政敵周永康的勢力範圍，掃蕩東莞的性產業，實為習近平對周永康發動的政治鬥爭。

周永康本來是共產黨最高層級的幹部，過去胡錦濤當政還幹到中央政治局常務委員，統領司法和公安部門。周永康掌握中國各地非法的公安權益，以及各種利益輸送，更是出了名的性好漁色。根據反體制的海外華人媒體報導，周永康的情婦多達二十九人，其中包含了歌手、女主播、女大學生。他在北京市內有六個專用的享樂設施，連一夜情也算進去的話，沾染的女性至少超過四百人，更有「百雞之王（百妓之王）」的稱號。

東莞掃蕩的五個月後（二〇一四年七月），周永康徹底被架空，可見何清漣對東莞事件的剖析是正確的。況且這次掃蕩的起因，和央視記者潛入情色三溫暖揭密有關。被針對的太子酒店負責人梁耀輝（時任全國人民代表大會代表，相當於中國國會議員），也和周永康的石油生意有密切關聯，周永康在石油生意上也享有極大利潤。

過去中國全境的性產業，被視為公安系統的大餅（形同周永康的大餅）。因此，抑制東莞和全中國的性產業，對於想要獨攬大權的習近平而言，正好符合其利益。只要習近平政權存在的一天，這樣的方針就不會改變。

鄧小平提出改革開放的政策後，中國的夜生活自一九八〇年代開始蓬勃發展。而今，中國夜生活的歷史面臨了重大轉捩點。

【專欄一】中年外遇的對話記錄不斷外流

不是只有日本媒體喜歡報導外遇新聞，中國媒體也有一樣的特性。也許當事人是真心看待那段感情，但老大不小的人還被欲望沖昏頭，這在旁人眼中是非常有趣的談資。

現在科技發達，偷吃的中年人也懂得用微信這類的通訊軟體了。只是，中國人普遍欠缺資安和網路安全的觀念。再者，有不少人跟外遇對象或元配撕破臉，為了報復，對話記錄全被公開到網路上，甚至連帳號都被盜取。到頭來，丟人的對話內容曝光，還被當成新聞報導。

現在我們就來看看真實的案例，現代中國人中年外遇的狀況，和日本一樣都有值得玩味探討的地方。

一貫制中小學明星學校的五十五歲副校長

第一位傻蛋是五十五歲的已婚人士，在江蘇省無錫市某間一貫制中小學明星學校擔任副校長。二〇一七年四月中旬，他和某位人妻的對話記錄外流，雙方有染多年。南京大報《現代快報》報導了這一則新聞，難得有詳細的報導，我們就來看一下副校長和情婦的甜蜜對話。

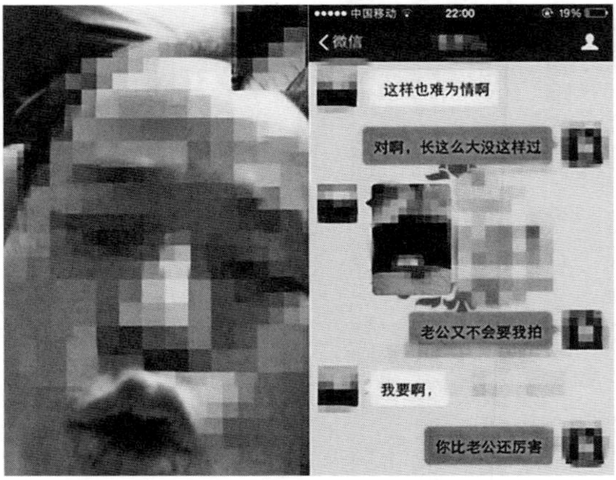

副校長的自拍照片，之後他就大難臨頭了。

人妻A：人家會害羞啦。

副校長：你就拍給我看嘛，我想看。

人妻A：你唷，就一張嘴甜。

副校長：讓我看看你濕透的樣子。

人妻A：（害羞的顏文字）

看樣子我們這位副校長是在挑逗一位獨守空閨的人妻，要她拍下難以啟齒的私密照。下面我們繼續介紹對話，但內容有稍微經過修飾。

副校長：這樣聊下來，我越來越想看妳的照片了。憋著難受，請用妳的春水治癒我的飢渴吧。

人妻A：又在胡說。

副校長：拜託拍給我看嘛。

人妻Ａ：我的水都讓你喝好幾年了，你還難受嗎？
副校長：這樣也難為情啊。
人妻Ａ：對啊，我長這麼大沒這樣過。老公又不會要我拍。
副校長：我要啊。
人妻Ａ：你比老公還厲害。
副校長：（上傳自己的屌照）
人妻Ａ：你變大了呢。

這位副校長已經五十五歲了，真是老當益壯啊。根據當地媒體報導，他的手機在二〇一六年十二月交由電信業者回收，這一份對話記錄估計是業者外流的。

《現代快報》的記者找上那位副校長，副校長承認帳號是他本人的，但他後續用的藉口實在太瞎了。他說自己的帳號被人盜用，已經報警處理了，他只是倒楣的被害者。

中國杏壇還有其他類似的案例。二〇一七年四月，在山西省臨汾市浮山縣的中學任教，擔任教導處（相當於日本的教務課）副主任的陳存敏先生，和當地村落的人妻私奔。被戴綠帽的人夫火大公開二人的對話記錄，為人師表的陳先生傳送腥羶訊息，問那位人妻想不想看他的裸體。

陳鎮長線上把妹歷險記

下面登場的這位大德，媒體沒有報導他的年紀，但估計也是五十多歲中年人。他的名字叫陳自文，在雲南省曲靖市陸良縣的大莫古鎮擔任鎮長（相當於日本的町長或村長）。根據上海知名網路媒體「澎湃新聞」（二〇一六年十月十二日）的報導，這位陳鎮長在九月二十六日晚上，使用微信勾搭有意偷腥的人妻。那位人妻的丈夫到外地出差，寂寞難耐的她就想找點刺激。

微信和 LINE 差不多，只是可以用定位功能搜尋鄰近的陌生用戶。想當然，不懷好意的男性用戶很多，不想被糾纏的女性用戶都會關掉這項功能。可是，也有一部分的女性用戶刻意打開這項功能，目的是等人搭訕或找援交對象，不然就是推銷商品。因此，微信也成了外遇和賣春的溫床。

我們就來看看陳鎮長被公開的對話吧。

陳鎮長：小姐寂寞嗎？

人妻B：你誰啊？

陳鎮長：妳別管，要來約會嗎？

人妻B：哪有人這樣說笑的，你到底是誰啊？

陳鎮長：妳真不認識我？我昨天晚上有加妳好友啊。

人妻B：你怎麼找到我的？

陳鎮長：我用「附近的人」找到妳的。

……一個陌生的對象提出約會要求，女方竟然還願意搭理，真是令人匪夷所思。總之，雙方就這麼展開了對話。後來，陳鎮長傳送自己的照片，兩個素昧平生的人就決定約出來見面了。

陳鎮長：妳丈夫晚上不回家嗎？
人妻B：他到外地出差一個多禮拜，明天碰面可好？
陳鎮長：我看一下行程。
人妻B：你慢慢來。
陳鎮長：我一個人去見妳好嗎？
人妻B：你什麼意思啊？
陳鎮長：嘿嘿嘿，沒關係吧？
人妻B：沒關係啊。

陳鎮長：我中午去接妳。
人妻B：你要帶我去哪？
陳鎮長：開車兜兜風好吧？

後面都是一些煽情的對話，不難想像他們明天見面會去開房間。陳鎮長用的是假名，還謊稱自己在農業局上班，但照片一看就是大莫古鎮陳鎮長。

這場不倫戀在二〇一六年十月十一日被爆出來。被戴綠帽的苦主，把狗男女的對話截圖張貼在「天涯社區」論壇上，那是中國數一數二的大型論壇，引起了廣大的議論。

隔天，十二日，「澎湃新聞」刊出了詳細報導，十三日國營通訊社新華社公開了陳鎮長的真實姓名，同時宣布陳鎮長已被停職，將受到黨紀律檢查委員會的處分。中共當局處置違紀公務員的效率簡直神速（不禁讓人懷疑，他們到底有沒有找陳鎮長確認實情）。

順帶一提，中國和日本一樣沒有通姦罪，因此一般人外遇也不算犯法。不過，中國共產黨內部規定，黨員不得有不正當的性關係，是故黨員外遇會遭受處分。身為行政機關領導的陳鎮長，也是一位共產黨員，這就是他受處分的原因。

打探女大學生性經驗而被處分的共產黨員

接下來介紹的這位人物叫段維平，年紀差不多六十歲了，過去在安徽省六安市民政局擔任副局長。他的問題不是外遇，而是性騷擾。

根據「澎湃新聞」二〇一七年三月三十一日的報導，段維平在當月下旬，對某位女大學生傳送非常淫穢的訊息，結果被放到網路上公審。具體來說是怎樣的淫穢內容呢？請看下面的介紹。

段維平：小妹妳睡了嗎？妳男友在妳旁邊嗎？是不是在一起玩啊？有XX了嗎？

女大學生：你到底在瞎說什麼？

段維平：叔叔只是想跟妳推心置腹嘛，可以告訴我嗎？妳都有男友了，XX也是很正常的嘛。

女大學生：這是我個人隱私，幹嘛告訴你啊？

這位女大學生說得太對了，段維平對其他年輕婦女也有性騷擾的行徑。某一天他搭車前往車站（不確定是搭計程車或巴士），不斷央求共乘的女大學生和他交換微信，整件事也被放到網路上公審。

以前擔任公職的段維平也是共產黨員，消息見報後，六安市的黨紀律檢查委員會立刻下達處分。過了一段時間，四川省知名網路媒體「紅星新聞」電話採訪段維平，他承認自己有傳送騷擾訊息，也已經跟對方道歉了。最後他還裝可憐，說自己身體不適需要多休息，不便接受進一步的採訪。

老不修罔顧資安疑慮的末路

年紀大了還整天精蟲衝腦，這種為老不尊的人日本和中國比比皆是。話雖如此，中國之所以有這麼多腥羶對話外流，而且媒體報導還完全沒有匿名，其實這背後有一些很可怕的內情。

簡單說，中國人的通訊隱私在公權力面前可謂蕩然無存，媒體基本上也是聽從政府的裁示報導新聞。

因此，對於重點監視目標，或是當權者想要陷害的政敵，國家機器會徹底調查他們不利的過往，好比外遇、嫖妓、性騷擾的經歷等等。然後，再裝成打抱不平的網民，上網揭發那些人的惡行。受到政府指使的各大媒體把整件事包裝成可笑的趣聞，大肆報導出來。像這樣的情況是絕對有可能發生的，上面介紹的部分案例，說不定就有政治操作存在。

比方說，那位上網勾搭人妻的雲南省陳鎮長，他的通話紀錄被公布在大型論壇上，隔天就有知名的新聞網站刊載長篇的報導，光看內文幾乎能鎖定當事人的身分。又過一天，國營通訊社新華社也公開陳鎮長的姓名，以及他受到黨紀律檢查委員會處分的消息。這一連串的過程實在太快、太有效率，反而讓人不寒而慄。或許，一開始對話記錄被放到大型論壇上公審，也是整個構陷計畫的一環。

現在習近平政權積極整肅綱紀，用意是強化執政權力和籠絡民心。一個鄉下小鎮長可能就是殺雞儆猴的犧牲品。

對位高權重的人來說，在中國的網路上自曝弱點是非常危險的事。和別人的妻子互相傳送情色照片，也是十分危險的行為。

第二章

人民解放軍掌控的「世界最大賣春島」

二〇一二年八月，當時下川島還是一座賣春島，圖為下川島的女性。
圖片來自「香港亞洲行」部落格，部落格經營者為馬里林（まりりん）。

荒淫島

——監獄島、流放島、海盜島。

綜觀人類歷史，不少海洋或湖泊上的島嶼都被拿來關押人犯。也有人利用島嶼封閉的地理環境進行非法活動，或是成立叛亂據點，組成類似獨立國家的社會體系。

有的島嶼離陸地很遙遠，搭船是離開那種島嶼唯一的手段。因此，一旦進入島上就很難自由出入。就算公權力來島上取締非法活動，島民也能利用他們登陸前的那段時間，藏好那些見不得光的齷齪行徑，或是乾脆逃往海上避難。

日本在明治時代，也有民間製糖公司買下沖繩縣的離島（大東群島），在島內發行自製貨幣，束縛外地來的勞動者，厲行獨裁統治。此外，三重縣志摩市外海的渡鹿野島，從江戶時代就是一個有名的賣春島，主要做遠洋船員的生意。二戰後日本進入高度成長期，渡鹿野島的賣春事業改由黑幫經營（據說現在大不如前了）。英國大不列顛島東南部的外海，也曾有退役軍人佔據英國海軍遺棄的設施，並於一九六七年發表獨立宣言，建立了類似國家的政體，號稱西蘭公國。

中國浙江省以南的華南沿海地區也有不少奇奇怪怪的島嶼。其中尤以福建省沿海有不少谷灣，首都北京又天高皇帝遠，自古以來經常成為倭寇和海盜的據點。十七世紀對抗清朝的鄭成功勢力，還有一九四九年敗於國共內戰的中華民國政權，長年來都利用這一片區域的島嶼，作為反抗大陸的據點（中華民國在海峽對岸，至今仍佔有福建省的金門和馬祖島群）。這也代表外島是難以介入的區域。

這一點在中華人民共和國建國後也沒改變。比方說，一九九〇年代福建省東北部的福清市，就是偷渡日本的一大據點，而偷渡的船隻就是從島嶼或半島邊陲出航。再者，槍砲、毒品、其他各類管制品（如華盛頓公約禁止交易的瀕臨絕種動物）的走私，也經常利用福建省和廣東省的島嶼進行，這些島嶼都是公權力難以介入的區域。

幾近無政府狀態的華南島嶼，還有一座特別有名的奇怪小島。

那就是廣東省西南外海的「下川島」。

往年的下川島堪稱亞洲規模最大的賣春島，連日本三重縣的渡鹿野島都比不上。

賣春產業最興盛的時候，一座島上就有超過兩千名性工作者。與世隔絕的島嶼有各種意想不到的荒淫享樂，好比所有女性一絲不掛，陪前來島上消費的男客游泳。香港和台灣的部分媒體還給下川島取了一個「荒淫島」的稱號。日本的好色之徒對這個島嶼也知之甚詳。

本章就來描述一下這座中國情色島的興亡史。

改革開放政策的黑暗面

在行政區劃分上，下川島隸屬於廣東省江門市底下的台山市。

廣東省算是中國經濟發展較好的地區，以廣州、深圳為主的珠江三角洲一帶十分繁榮，但省內西部（粵西）的陽江市、茂名市等區域，經濟發展較為遲緩。下川島位於香港和深圳西南方，直線距離大約一百五十公里。正好是粵西地帶的入口。

下川島的面積接近一百平方公里，差不多是山手線內圈面積的一．五倍，和周邊幾座小島合稱川山群島。要進入當地，得先從澳門旁邊的珠海市搭兩三小時的長途巴士，前往山咀碼頭改搭渡輪，交通非常不便。

該島的地理和歷史，可參閱《台山下川島志》（一九九七年由廣東人民出版社發行）。根據書中記載，下川島一直到元朝才首次出現在中國文獻上（《南海志》），詳細時間大概是一三〇四年。當時下川島盛產白木香，那種樹木的樹脂會散發香氣。

到了明朝，有越來越多人移居下川島。大航海時代的葡萄牙人也登陸該島，東邊不遠處的上川島，則是傳教士聖方濟・沙勿略蒙主寵召之地（晚年沙勿略想到中國傳教，無奈遲遲無法登陸中國本土，最後在轉運的小島上去世）。下川島其實在歷史上並不起眼，後來也被形同海盜（倭寇）的反抗軍當成據點，清朝和中華民國也曾在此地駐軍。日本軍隊也侵略過下川島，還在島上建立了小型司令部。中華人民共和國成立後，島上也有建立人民公社，在文化大革命時期也爆發了鬥爭。只是跟其他鄰近地區相比，沒有特別值得一提的地方。

下川島本是華南地區隨處可見的鄉下小島，鄧小平提出改革開放的政策後，這座島嶼的歷史有了極大的轉變。一九八五年當局計畫在島嶼南方的王府洲開發度假勝地，天安門事件過後，一九九一年正式推動開發計畫，興建各種旅館和別墅。

當年廣東省是無法無天的三不管地帶，有很多靠賭博或賣春賺取外幣的產業，專門服務「先進區域」的遊客，好比香港人、台灣人、海外華僑等等。據說一開始的計畫是把下川島打造成另一個澳門，但又擔心太過招搖而作罷。於是乎，下川島的性產業日漸發達，島內開設了許多妓院。整座島內不只妓院賣春，大多數旅館也有提供年輕小姐陪睡，荒淫之島就這麼誕生了。

根據香港《東方日報》（二〇一〇年八月二十一日）的報導，島民一看到公安在對岸搭乘渡輪，就知道公安要來島上查緝。因此，就算公安真的來到島上，也查不出什麼玩意。

「整座島都是靠這一行（性產業）吃飯的，警察總不可能逮捕所有島民吧。」

上面這段話，是島民接受採訪時發表的評論。

好色台灣人的天堂

第一章有提到，東莞的「開拓者」是香港的好色大叔；而下川島初期的「開拓者」則是台灣人。九〇年代後期，到島上享樂的不光是旅居大陸的台灣企業家和派駐員（這些人又稱台商），專門從台灣跑來嫖妓的人也變多了。

《壹週刊》是以報導八卦聞名的香港週刊雜誌，二〇〇一年台灣版的第十期壹週刊，報導每年有將近十萬名台灣人前往下川島嫖妓的亂象，標題是「大陸直擊台灣男人蜂擁荒淫島」。《壹週刊》的記者喬裝成遊客，參加從台灣出發的買春觀光團。

以下引用部分報導內容，先來看看買春觀光團抵達台灣中正國際機場（現為桃園國際機場）的情況。

> 鄭先生參加過兩次五天四夜的買春觀光團，剛到機場就跟導遊談笑風生，一副經驗老到的模樣。三十八歲的鄭先生一看到我們這些菜鳥，就得意洋洋地炫耀

起來。

「這是我今年第三次去下川島了，上次去玩三天就打了二十一炮，這一次我要破自己的記錄。」

大夥都被逗笑了，一群嫖客很快就打成一片。

聊著聊著，其他參加觀光團的遊客也來了。我遠遠就看到一位年近七十的老伯，對著導遊揮手打招呼。我心想，不會吧？都那麼老了還去嫖妓，不會鬧出人命嗎？導遊看我一臉訝異的表情，拍拍我的肩膀說：「人生七十才開始。」

當時，台灣有超過三十個旅行社專門辦理下川島的買春觀光，每天有超過三百個跟團的台灣遊客登岸，自助旅遊的每天也有數十人。下川島上的觀光收入有七成是台灣人貢獻的，過去日本人也成群結隊到泰國和菲律賓買春，看樣子台灣男性也差不了多少。

不過，日本人去泰國和菲律賓玩語言不通，台灣人和中國大陸語言是相通的。再加上兩邊過去的歷史淵源，不少台灣男性對中國女性情有獨鍾。

去下川島比較沒有被坑或被搶的風險，而且語言上又沒有隔閡，跟小姐從事性交以外的活動也沒壓力。去東莞的遊客多半是洽公後順便玩一下，但千里迢迢去下川島，最主要的目的就是買春和度假。

因此，下川島的性產業主要提供包小姐的服務（又

當年下川島的妓院。圖片來自馬里林。

稱「代妻」），男客可以包下小姐一整晚到好幾天不等。二〇〇一年那時候，男性在島上叫小姐，「短打」費用是兩百塊人民幣，包下小姐一整天的「過夜行程」要價四百塊人民幣。

台灣老人找少女採陰補陽

根據報導，二〇〇一年島內的性工作者約有七成來自湖南省，其次是四川省和內陸貧困地區的女子。至於那些去島上尋歡的台灣人，多半是年過五十的「歐吉桑」，《壹週刊》是這樣介紹他們的：

王府洲度假區的海灘，隨處可見挺著啤酒肚的中年男子，牽著少女的小手一起散步。其中不乏白髮蒼蒼的老人，活像爺爺帶著孫女，十分引人側目。（記者參加的）觀光團中還有一位簡先生，已經六十八歲了，臉上和手臂都有老人斑。簡先生牽著二十來歲的四川省女子，在海灘上悠閒散步。他張開缺牙的嘴巴笑開懷，跟我說「年輕真好年輕真好」。

簡先生的說法是，下川島的女子性格純樸，不會漫天喊價。給她們幾百塊錢要做什麼都沒問題。有時候一次包下兩三位小姐，帶她們去吃飯開房間，也花不到一千塊錢。

儘管已是十八年前的往事，顯然還是有違人倫。

早些年，華人民間盛傳老年人與年輕女子交合，有採陰補陽、延年益壽的神效。據說毛澤東晚年也積極採捕年輕處子，以求青春永駐。下川島滿足了台灣老人採氣補體的需求，而《壹週刊》的記者也有直接採訪島內少女，內文如下：

來自湖南省的少女婷婷，今年才十四歲，恐怕是下川島年紀最輕的妓女。她穿著十幾公分高的高跟鞋，一整天都在海邊拉客。

婷婷來到下川島才半年多，她是被騙來賣淫的。一位同鄉（女性）騙她外地有不錯的工作機會，她離開故鄉，一路舟車勞頓來到下川島，才知道自己是來做「小姐」的。當時婷婷才十三歲，身體還沒發育完全，連月經都還沒來。某位台灣老人以四千塊的價格（按當時的匯率，相當於六萬日圓）替她「開苞」。

後來，那位騙人的同鄉偷走婷婷的錢跑了，害她沒錢返回故鄉，只好繼續留在島上賺取交通費。又過一段時間，她發現留在島上能賺很多錢，也就沒想過要回去了。

報導中還描述了一段令人反胃的光景。某位八十多歲的外省老兵，過去是中華民國的陸軍上校，一個八十多歲人竟然買了一個十七歲的中國少女。這位打過國共內戰的老兵，在退守台灣半個世紀後，跟著買春觀光團重返大陸，買下「共產中國」的貧困少女。

日本人來襲

到了二〇一〇年左右，中國經濟已大幅成長，下川島的亂象也沒有往年誇張，島內逐漸開發成適合攜家帶眷的度假區，但賣春的產業並未消失。過去下川島是台灣中老年人才知道的祕密樂園，這時候也有越來越多日本人來尋歡了。

根據香港《東方日報》的記載（前面提到的同一篇報導），廣州亞運會預計在二〇一〇年秋天召開，因此廣東省主要區域大力掃蕩性產業，原本在廣州或深圳的性工作者便前往下川島另謀生路。報導中也有談到日本男客在島上的概況。

台山的上川島和下川島，一向是台灣和日本買春團的天堂。每天抵達的台灣和日本觀光客不下百人，他們一下船就三五成群去找樂子。

當地的性工作者表示，專門來買春的遊客多半是台灣的中年男子，其次才是日本人，香港遊客比較少見了。不過，最好色的是日本人。

日本人不諳中文，他們一看到喜歡的小姐，就會用很破的中文說「做愛、做愛」。接著拿出旅遊中文手冊，指著上面的專業術語，和小姐交涉服務價格，舉止相當內行。

還有日文書籍專門介紹下川島的買春遊記。例如二〇〇九年七月，奧克拉出版社發行了一部旅遊導覽：《香港澳門夜生活MAX》（作者是BLUELET奧岳）。書中整整花了八頁介紹下川島，主要的遊樂區王府洲還附上地圖（上面標滿各家妓院）。當年，王府洲旅遊區算半合法的性產業專區，門票是四十塊人民幣。那本書對王府洲旅遊區的描述如下。

短打玩完以後，小姐會先行離去，但你別以為她們會讓你休息。不到一兩個小時，又會有其他小姐來到房間，你不玩她們還不肯走呢。想要避開連綿不絕的柔情攻勢，你必須趁小姐回去後趕快離開。然而一到街上，又有一大票小姐歡迎你去玩。連去餐廳吃個飯，都有好幾名小姐圍著你，走在馬路上她們也會拉你去店裡消費。跑去海邊的觀光步道躲也沒用，照樣會有小姐冒出來拚命拉客。（中略）你可能覺得這座島亂七八糟，但這種強迫消費，對男人來說是最棒的溫柔鄉。

媒體總是比較誇大，書中也特別強調日本人很受歡迎。事實上，日本人語言不通，給小費又相當吝嗇，所以妓院的媽媽桑和性工作者寧可給台灣人提供長時間包小姐的服務，也不給日本人包。

本章的照片提供者「馬里林」，專門在部落格上介紹海外的性產業。二〇一三年，還在香港念書的他也跑去下川島玩。

「那時候短打的價碼是三百塊人民幣，玩久一點要六百塊。基本上都是玩久的，如果雙方語言不通，相處起來又不愉快的話，小姐也有可能中途走人，日本人專程跑去性交其實挺奇怪的。下川島有一種開放的氣息，你可以跟一些風塵味沒那麼重的鄉下小姐一起去海邊玩樂或吃飯，所以那裡比較適合有時間又有閒情逸致的人去玩。」

看了這位日本人實際尋歡的體驗談，也有不少網友懷疑，這樣特地花時間和交通費去下川島，究竟有何意義？應該說，下川島的性產業是配合台灣中老年人的生活風格發展出來的，兩者有相近的文化基礎，因此不見得適合日本人。

學術論文探討「台灣社會的魯蛇」

下川島在台灣可謂惡名昭彰，甚至成為社會學者的研究對象。專攻女性主義理論和兩性社會學的陳美華女士，在台灣名校中山大學擔任教授。二〇一一年到二〇一二年間，她前往廣東省的東莞和下川島進行實地調查，並發表了以下幾篇論文：“Crossing Borders to Buy Sex: Taiwanese Men Negotiating Gender, Class and Nationality in the Chinese Sex Industry”（〈跨國買春：探討中國性產業中台灣男性的性向、階級、國族關係〉），和“Taiwanese Men Who Buy Sex in Dongguan: Exploring Intersectionality of Sexuality and Ethnicity in Sex Tourism”（〈在東莞買春的台灣男性：交叉探索買春團的性特性與民族認同〉）。

她的論文指出了一個饒富興味的現象，往年到下川島或中國其他地區尋歡的台灣男性，在網路上會半開玩笑地使用軍隊或政治術語。

比方說，過去在蔣介石統治台灣的年代，有「反攻大陸」和「救國行動」等口號，而那些買春的台灣男性就把這些口號當成去中國買春的黑話。買春團被他們稱為「救國團」或「炮兵團」，玩遍中國大陸夜生活的歡場老手，則被戲稱為「將軍」。此外，台灣男性還會把歡場小姐給的QQ（中國的通訊軟體）帳號或陰毛當成「戰利品」。至於情色產業被中共當局取締的狀況，又稱為「戰況」。

當時，台灣網路上幾個比較大的中國夜生活資訊論壇，也有用軍階來區分網友的級別。根據陳教授的說法，台灣男性去泰國或越南買春，比較沒有類似的現象，唯獨去中國大陸買春常會用軍事術語。

台灣一直到二〇一八年底都還有徵兵制，去下川島尋歡的中老年人多半服過兵役，年輕時也經歷過兩岸劍拔弩張的軍事關係（尤其在福建省的金門島，一直到一九七九年都還有儀式性的「砲戰」）。

去中國大陸尋歡的台灣人，之所以愛用軍事或政治術語，也跟這些背景有關吧。前面提到的《壹週刊》報導中，還有一位年過三十五的台灣男性，他就是在服役時聽同袍談起下川島，才來參加買春觀光團的。在網路尚未普及的年代，台灣男性似乎是在服兵役時，透過口耳相傳得知下川島的存在。

二〇一三年，陳美華女士接受台灣媒體採訪時表示，去下川島買春的台灣男性多半缺乏良好的經濟和外貌條件。在一般社會的權力架構和男性階級中，也處於弱勢的地位。陳美華女士採訪的對象中，三十五歲以下的年輕嫖客，去消費的目的主要是滿足性欲，以及嘗試各種新奇的性體驗。而中老年人大都只是想體驗戀愛的感覺。也有人過度迷戀島上小姐（這又稱為「暈船」或「沉船」），聽信小姐要修繕老家或籌措弟妹學費的藉口，進貢大筆金額。還有人每個月花新台幣兩萬塊（相當於六萬日圓）的國際電話費，繼續和小姐聯絡。這些人的行徑，和日本中年人沉迷菲律賓酒吧十分相似。

換句話說，下川島也是寂寞大叔尋求慰藉的地方，他們想品嘗一下和年輕女子談戀愛的感覺。

人民解放軍也在性產業分一杯羹

下川島的性產業發展近二十年，幾乎已成為當地的傳統產業。可是，大約從二〇一五年開始迅速衰退，到了二〇一九年幾乎已不復存在。現在你上中國的旅遊導覽網站，可以看到下川島變成闔家蒞臨的度假勝地，附近的中國人也會帶著孩子去玩水。

下川島的性產業衰退，其實和下川島當初變成賣淫島的原因是息息相關的。第一章提到的「性都」東莞，性產業的利益由公安把持；至於「荒淫之島」下川島的利益，則由人民解放軍把持，這一點並不是祕密。中華人民共和國建立後，有一段時間整座島都由人民解放軍管理，解放軍在當地有很大的影響力。台灣有公開人民解放軍的組織情報，下川島設有海軍南海艦隊潛水艦第五十二支隊的基地（隸屬九一〇二四部隊），鄰近的上川島則有第二十六飛彈快艇支隊。

嚴格講起來，中國是幅員遼闊的大陸國家，自古以來海軍並不強大。尤其人民解放軍過於偏重陸軍，到國共內戰末期都還沒有一支獨立的海軍，中國海上的軍事力量在二十一世紀以前都非常薄弱。再加上一九九〇年代中國尚未脫貧，欠缺資金的人民解放軍，便打著自力更生的名義，從事各式各樣的副業。下川島被開發成賣春島，就是中國海軍當年貧困又缺乏紀律的產物。

不過，進入二十一世紀以後，中國國力大幅成長，不再隱瞞支配南海的野心。當局開始整飭海軍，大約從二〇一三年開始，下川島的第五十二支隊也迅速擴編。下川島位於南海的樞紐，從地緣政治上來看更是侵略台灣的要地。因此，現在已經不能放任人民解放軍把下川島當成沒紀律的賣春島了。

另一個重要原因，跟習近平二〇一三年上位有關。

習近平熱中於強化黨和國家的統治權，也積極整肅貪腐以斷絕政敵的資金來源，當然這些作為的目的，也是要將大權攬在身上。過去江澤民、胡錦濤時代放任的非法利益勾當，在習近平當政後被逐一清算。

從二〇一四年三月開始，習近平也開始整飭軍隊利益輸送的問題，這在過去可是無人敢動的弊端。前朝重用的高階將領徐才厚和郭伯雄，也因貪汙罪嫌而相繼失勢。據說這一齣鬥爭大戲中，有超過二十名將校自殺身亡。其中，海軍政治委員馬發祥中將，以及南海艦隊裝備部部長姜中華少將等人，是海軍自殺人士中最引人注目的高官。

下川島的性產業覆滅，一方面是該島的軍事價值提升，必須加強管理；另一方面是習近平整飭軍紀，瓦解了中國海軍的利益輸送架構，中國海軍無法繼續在島上胡作非為。

二十世紀末的中國政情並不嚴明，許多寂寞的台灣中老年人前往廣東省的邊陲之地，向中國的年輕女子尋求一絲慰藉。而人民解放軍的貪腐創造了這座賣春島，這便是下川島性產業的興衰原由。

【專欄二】中國網路可怕的黑暗面——色狼同好會和販賣人口

近年來，微信和 QQ 等通訊軟體已是中國人不可或缺的生活必需品。這兩者都是騰訊提供的服務，由旗下不同的團隊開發，實際上處於競爭關係。另外，根據二〇一八年底的數據，微信每月的有效使用者為十・九八億人，QQ 則為八・〇七億人。撇開使用者多半是中國人不說，這兩款通訊軟體的使用人數，其他通訊軟體根本無法相提並論。

微信的特色是流行時尚的使用感，和 LINE、WhatsApp 等競爭對手差不多；QQ 則有各式各樣的花稍功能，深受中國不良青少年和學生的喜愛。

QQ 有一種叫「QQ 群」的社群功能，可以聯繫廣大的陌生用戶。通常是同學或同好會的成員互相聯絡用的，但在 QQ 群的管理員認可下，用戶之間可私下交換訊息，因此也有不少人拿來作奸犯科。例如，在日本非法勞動的中國人組了QQ群，上面有一大票人在交易偽造的外國人登錄證。也有在日本受訓的中國技術人員逃離原本的職場另謀出路，還組成QQ群交換訊息。總之，有心找可以找到一大堆類似社群。

色狼同好會「頂族」的猥褻日常

二〇一七年夏天，各種色狼（日文的「痴漢」）的QQ群驚動了中國媒體。

那一年的七月十八日，中國江蘇省的新聞網站「淮海網」，深入報導了中國最具代表性的色狼同好會「公交地鐵交流群」。該社群成立於二〇一五年六月，屬於付費性質的社群，加入前要給管理員九・八元的儲值點數（相當於一百六十日圓），成員超過一千人。根據社群的規定，新成員必須介紹自己的所在地、性別、網路暱稱（該社群現在已被刪除）。

社群由一千多個變態組成，成員散布中國各地，上至東北下至海南島都有他們的人。成員會分享在巴士或地下鐵性騷擾女性的經驗談，還附上圖檔或影片。社群內每天的對話超過一千件，這些變態在裡面分享訊息，並留下「頂」字，稱讚彼此的變態行徑（頂是中國網路用語，相當於按讚的意思）。成員間還有一種夥伴意識，

「頂族」社群的首頁圖像。

會用「頂族」或「頂友」來稱呼有同樣變態嗜好的網友。

另一個中國新聞網站「鳳凰資訊」（二〇一七年五月三十一日的報導），也有公開這類變態社群的對話截圖，引起世人廣泛的重視。只不過，鳳凰資訊還加了一段多餘的註釋，聲稱都是日本的A片太過流行，才會導致性騷擾事件頻傳。以下引用幾段「鳳凰資訊」刊載的變態對話截圖。

北京色狼：你偷摸多久？

天津色狼：也沒多久，一開始我也不太敢碰，就稍微摸一下屁股而已。

北京色狼：有照片嗎？那女的穿啥褲子啊？

＊

不明色狼：牛仔熱褲、緊身裙、多片裙，你們喜歡哪種？

上海色狼：我喜歡緊身牛仔褲和緊身裙。

深圳色狼：牛仔布料會凸顯臀部的曲線，很不錯。多片裙比較適合偷拍，緊身裙摸起來手感好。

大連色狼：我正在摸女孩子屁股，她還裝沒事呢。

南京色狼：肯定不是年輕小姐吧。

*

根據「鳳凰資訊」的報導，社群成員不只上網打打嘴炮，互相分享性騷擾的經驗；有的人還趁機做生意，販賣清晰圖檔或影片之類的「戰果」，供其他網友欣賞。這些變態社群實在太可怕了。

二〇一七年七月中旬，媒體大幅報導這些色狼社群，成為舉國關注的社會問題。七月十七日，騰訊關閉了四十四個可疑的ＱＱ群。ＩＴ龍頭百度也關閉了旗下大型論壇「百度貼吧」的「公車頂族」。然而，中國各地的變態利用各種黑話，組織了新的變態社群。二〇一八年八月，又有四百多人的變態社群被揭發，顯然色狼和官方仍在檯面下鬥法。

買賣嬰兒

「我今年十八歲，孩子出生兩個月都很健康，賣您三萬塊就好。」

中共黨中央的《人民日報》，旗下有經營網頁版的「健康時報」。二〇一七年七月十四日的某則新聞，就是用上面這段話開頭的。報導中提到的QQ群，主要由販賣嬰兒的仲介商和買家組成。其實早在二〇一四年二月，當局就破獲幾個販賣人口的網站，嫌犯佯稱公益團體，提供收費的養子仲介服務。一共逮捕一千零九十四人，救出三百八十二名嬰兒。但同樣的非法買賣潛入地下，透過封閉的QQ群進行交易。

中國農村重男輕女的觀念一向比較嚴重，像這種買賣人口的社群，多半是賣女孩子、買男孩子。根據「健康時報」的報導，販賣子女的大部分是沒做好避孕的婦女，而販賣的價格約在三萬塊到七萬塊人民幣左右（相當於四十八萬到一百一十二萬日圓）。

「健康時報」的記者偽裝成買家，在二〇一七年六月三十日聯絡江蘇省的女性仲介。對話內容如下：

記者：您好？

記者：有人嗎？

記者：我看到您的留言，明天是寶寶的預定生產日是吧？

業者：對，就是明天。

業者：剛才我在社群上也有貼文，是那位母親跟我說的。但她沒告訴我電話。

業者：真是怪了。

＊

記者：那孩子的戶籍怎辦？

業者：就用我的身分證件去辦，名義上是我生的。

記者：喔喔。

記者：高招。

*

業者：反正還是要先找到那個臨盆的婦女。對了，千萬不要去找孩子的生母喔，不然我可不敢保證你的安全。

記者：明白了。

這些對話實在令人不快，但中國地下社會確實有這樣的亂象。

援交少年和正太控大叔

QQ群上還有不少可怕的社會問題。二〇一七年七月二十二日，新聞網站「看看新聞」揭露了未成年人和戀童癖在 QQ 群援交的問題。

記者潛入的 QQ 群，有一半是尋找援交對象的用戶，像這類成員只限未成年加入，其中還有十一到十二歲的孩童。另一半成員則是成年男性，在社群中被稱為「大叔」。

報導還介紹了援交少年和戀童癖的對話。比方說，在「上海青浦正太」的群組裡面，就有中年大叔表示，願意花錢和十四歲以下的少年玩。另外在「正太基友們」的群組裡面，有一名自稱十五歲的少年，開價二十塊人民幣（相當於三百二十日圓）陪大叔裸體視訊。留言還寫道，只要大叔肯花三十塊，他願意在鏡頭前做任何事情。（作者註：「正太控」是日本次文化用語，泛指喜歡少年的性癖。中國的戀童癖直接沿用「正太」一詞，來稱呼稚嫩的少年。）

該報導還指出，另外一個 QQ 群當中，還有五名成年人和三名少年一同自慰的影片。記者試著採訪群組內的少年，得知有一部分少年是要賺零用錢才主動加入的。而且也沒有仲介業者，每位少年都是個體戶。

不消說，在中國散布色情圖片或影片是違法的，更遑論猥褻兒童的行為。然而，QQ群是封閉的網路空間，很容易淪為犯罪溫床。

中國網路使用者的帳號，必須綁定個人的身分證明和手機號碼。微信和QQ的通信內容也受到當局監控，所以在網路上作奸犯科風險很大。但在監視社會下，還是有人不顧風險大膽追求欲望，或許人類深重的欲念就是如此難以壓抑吧。

第三章

ＡＩ和成人用品的奇妙融合

EXDOLL 公司的情趣娃娃，外型十分高檔，此為開發中心內的影像。

男女比例失衡帶動成人用品商機

中國在世人眼中是一個古板僵化的社會主義國家，但他們對成人用品的流通和販賣卻相對寬容。中共在一九七九年推行計畫生育政策（俗稱一胎化政策，現在可以生到兩胎），以防止人口過度成長。所以從九〇年代開始，當局默許夫妻和單身人士的成人用品，講好聽是避免非預期懷孕的措施。

另外，過去有不少家長以人為的方式選擇胎兒性別，或是乾脆墮掉女嬰。畢竟生產人數有限，需要男孩子來繼承家業。於是乎，中國現今的男女比是一一八：一〇〇，兩性比嚴重失衡，自然狀態下的男女比是一〇五：一〇〇。據估計，一輩子無法結婚的男性超過三千萬人，為解決這些人的性需求，撫慰單身男性的用品也是一種必要之惡。

近年來，「情趣娃娃」在中國特別受歡迎，這是用矽膠製成的高級充氣娃娃。這裡要先說明一下，所謂的情趣娃娃是一種用來發洩性欲的大型人偶。絕大多數的使用者都是異性戀的男性，因此女性外形的人偶較多。但也有一些男性外形的人偶，提供女性使用者和同性戀傾向的男性。高月靖的著作《南極一號傳說》（文春文庫二〇〇九年發行）對此有詳盡的解說。歐洲在十九世紀末已有類似的人偶，日本江戶時代也有同樣的人偶，稱為吾妻形人偶。

戰後，情趣娃娃在歐美和日本特別流行。過去是塑膠製成的充氣式娃娃，後來演變成乳膠或軟膠製成的款式（有點類似巨大的丘比娃娃），而且種類繁多。不過，那些人偶的五官和身材都跟一般大眾的美感有一段落差。

一九九七年，美國的 Abyss Creations 開發出了「真人娃娃」，這是用矽膠製成的人偶，膚質和真人相近。這就是高級仿真情趣娃娃的原點，矽膠人偶有適度的溼度和彈性，是目前最接近真人觸感的材質。此一創新徹底顛覆了情趣娃娃以往的常識。

二〇〇一年，日本東方工業做出了可愛的少女型矽膠娃娃，看上去和真人別無二致，也造成不小的話題。後來，日本二〇〇五年左右也開始流行情趣娃娃。不但有十幾家情趣娃娃製造商，甚至還有專門介紹情趣娃娃的雜誌。有的娃娃愛好者純粹買來當觀賞人偶，不以洩欲為主要用途。

那麼，中國的情況又如何呢？

中國留學生創立情趣娃娃公司

「日本在二〇〇五年左右吹起了情趣娃娃的風潮，中國大約也在同一時間，出現一群愛好者想要日本的情趣娃娃。」

二〇一七年十一月，大連蒂艾斯科技發展股份有限公司（EXDOLL，以下簡稱EX公司）的CEO楊東岳發表了上面這段評論。採訪地點在遼寧省大連市的郊區，一座工廠的附設辦公室裡。

創立於二〇一三年的EX公司，是中國頂尖的情趣娃娃製造商。在我採訪的前幾個月，也就是二〇一七年八月十八日，該公司成為全球第一家股票上市的情趣娃娃製造商，而且還是在中國新興企業的交易市場「新三板」上市。

楊東岳跟我都是一九八三年生，我們算是同一個世代的人。近年大連很流行iQOS的電子菸，他也很喜歡抽。這位體格不錯的老闆以前曾到日本的大學念書。

「過去我念書的時候，就有做一點代購（個人貿易）的生意賺零用錢，主要是在網路上接單購買日本商品，然後轉賣到中國國內。我轉賣過不少必酷（BIC CAMERA）的家電產品，差不多從二〇〇五年開始吧，有不少人中國客戶想買東方工業的情趣娃娃。後來我代購的情趣娃娃多了，自己也挺喜歡的。」

當年，日本製的情趣娃娃品質獨步全球。而且又是可愛溫和的東洋人外形，深受中國客戶的喜愛（美國製的情趣娃娃五官深邃，體格也比較大，跟歐美A片女星差不多。中國客人不太喜歡）。

那時候日本的次文化在中國也算流行，還有人願意支付七十萬日圓，來購買日本製的情趣娃娃。現在中國的動畫和COSPLAY水準已經追上日本，但在十五年前，日本次文化領域還是更為先進。尤其情趣娃娃更是走在世界尖端，不少人趨之若鶩。

於是，楊東岳家裡擺了一堆等身大的美少女人偶，全都是幫客戶代購的商品。後來他自己也迷上情趣娃娃，成天端詳那些娃娃的外形。久而久之，他有了一個想法。

「中國也有本事做出這種玩意啊。電器用品（當時）做不過人家，但製作情趣娃娃的技術應該追得上吧。」

以往中國的情趣娃娃粗製濫造，看起來就像做壞的氣球人偶或人體模型。至於東方工業和其他日本製的情趣娃娃品質雖好，但價格太貴了。

效法日本的生產技術

楊東岳在中日兩國進行多方研究，回國後從二〇一〇年開始生產情趣娃娃。當初做代購生意時他組織了一家小公司，那家公司就是ＥＸ公司的前身，他還找了家鄉的同學和好友來當主管。一九〇五年日俄戰爭結束後，大連曾有多年由日本管轄，再加上地理位置也比較近，所以不少年輕人留學日本。楊東岳的好友幾乎都有留學日本的經驗，那些人跟他年紀相近，有的比他稍微年輕一點。

EXDOLL的官網，挺有日本風。

他們找來的產品開發人員都能理解日式風格的美感，因此情趣娃娃的造型也接近日式風格，外觀走可愛路線。而且員工都是多年的老朋友，彼此有共同的文化背景，對於商品的概念也比較沒落差。

再加上二十一世紀初日本出現許多情趣娃娃製造商，其中一家製造商提供技術合作。那一家製造商的日本造型師傳授他們製作情趣娃娃的技術，楊東岳還稱他「師傅」。而大連當地的產業對製作情趣娃娃也有很大的幫助。

「東北是重工業地帶，民間有深厚的金屬加工技術。我們可以做出十分精良的人偶

『骨骼』（詳情容後表述），現在我們的矽膠品質還比不上東方工業，但骨骼應該已經超越他們了。」

現在ＥＸ公司的情趣娃娃種類齊全，從三千塊人民幣（相當於四萬八千日圓）的「EX-Lite」優力膠（聚氨酯）製品，到一、兩萬塊（相當於十六萬到三十二萬日圓）的矽膠製品都有。矽膠製人偶有兩大主要系列，「烏托邦」系列主打偶像和精靈風的幻想色彩，「浮世繪」系列主打美女模特兒、熟女，還有黑肉底的外國模特兒（為何取名「浮世繪」就不得而知了）。

ＥＸ公司的高級品價格只有日本的三分之二，但細看他們辦公室內的展示品，人偶的左右臉龐故意做出些微不對稱的感覺，以達到更逼真的視覺效果，造型技術十分高超。

「那好，帶您去參觀我們的工廠吧。」

語畢，楊東岳帶我到工廠一觀。

苦心孤詣造人偶

在描寫工廠內部前，先來說明一下情趣娃娃的製程。

首先要用金屬加工的技術製造「骨骼」，再將做好的骨骼放入模具中，灌入矽膠成形。骨骼和關節要做得好，情趣人偶才能擺出各種姿勢。好比坐姿、站姿，還有「實際使用」時會用到的趴姿、開腳姿勢等等。

有些客戶購買情趣娃娃，主要是買來拍照和觀賞用的。所以從這個層面來看，人偶能做出越多精細的動作，就代表骨骼和關節的品質很好。好比擰轉手腕（翻動手掌朝上）、彎曲手指等等，都屬於精細的動作。

再者，矽膠是頗有重量的材質，像軀幹這類比較粗大的部位，內部要使用優力膠等材料，盡可能減輕情趣娃娃的重量。不會活動的等身大人偶，使用時的重量感會比實際的體重要來得更重一些。因此，就算是同樣大小的兩尊人偶，四十公斤重和二十公斤重的使用感完全不一樣（根據ＥＸ公司的商品型錄，他們已成功做出二十多公斤的輕量人偶）。

把矽膠灌入模具成形的製程，也需要一定程度的技術。否則一旦產生氣泡，人偶表面就會產生難看的凹痕，沒有辦法拿去賣。另外，整個製程有點類似用烤模做鯛魚燒，模具的接縫處一定會有少許的矽膠外溢，造成人偶的身體和四肢有接痕。當然，製成以後會消除那些接痕，但製造模具非常講究技術，要盡可能做出不會出現接痕的模具才行。

人偶裡裡外外都是矽膠製成，成品的好壞也關係到各家廠商的技術。拿來「實用」的情趣娃娃經常會扳動身體或四肢關節，可是也有不少收藏家喜歡長時間維持固定姿勢，例如讓情趣娃娃穿上女僕裝坐著，把娃娃當成家人對待。

因此矽膠要有足夠的強韌性，才不會因為劣化或頻繁活動而破損。從「實用」的觀點來看，人偶當然是越柔軟越好（胸部和臀部等部位更需要柔軟度，多數廠商會在內部填充不一樣的素材，來提升觸摸的質感）。問題是，太過柔軟的材質又不夠強韌，有時候還會發生表皮漏油的現象，看起來像在冒汗。

大部分的情趣娃娃製造商通常都是把頭部和身體分開來做（也有廠商成功開發一體生產的類型，例如廣東省的人造人科技公司），EX公司和日本廠商也一樣。而情趣娃娃的品質，取決於頭部的造型好壞。

換句話說，成形的人偶頭部要經過「化妝」，也就是塞入眼球，植入睫毛和眉毛，替嘴唇和臉頰上色。東方工業和部分日本廠商的高級款式，眉毛是採用植毛的方式製作。根據楊東岳的說法，EX公司主打價格競爭力，能省的成本會盡量省下來，眉毛是直接用畫的。

也有廠商用便宜的TPE材質（熱塑性彈性體）來做情趣人偶的肌肉和皮膚。TPE多半用來製作男性的自慰器具（飛機杯），最終成本比矽膠便宜，但又比優力膠昂貴，算是中階的素材。優力膠的製品之後會再提到。

不過，TPE的觸感太滑膩，跟矽膠相比觸感不夠真實。用TPE製成的情趣娃娃臉部也不夠精細。而且，以礦物油製成的TPE有股特殊臭味，這也是必須改善的問題（畢竟很多收藏家「實際拿來用」時，會親吻情趣娃娃的乳房或臀部）。相較於矽膠材質，TPE也更容易有漏油問題。胸大的人偶經常有乳溝「冒汗」的現象。

順帶一提，EX公司沒有製造TPE人偶，平價款的只有優力膠製品。價格大約三千塊人民幣，相當於一台便宜的低階電腦。優力膠的軀體並非一體成形，四肢和身體是分開來做的。優點是重量輕盈，成品不到十公斤。可惜觸感比TPE製品還要糟糕，摸起來完全不像人類的肌膚，軀幹和手臂旁邊的接痕也很明顯。至於實際成品的臉部造型，看得出來下了不少工夫，但便宜貨終究有其極限，品質遠比不上矽膠製人偶。

情趣娃娃的藍海策略

「您要拍攝成品沒關係，但麻煩別拍模具和骨骼，那是我們的商業機密。」

楊東岳提醒我參觀規範，帶我到辦公室隔壁的製造工廠。

入口附近的隔間放了一堆用來製作「骨骼」的金屬管，還有十幾種不同類型的模具，模具做成雙手舉起、雙腿彎曲打開的形狀。室內有一群穿著工作服的中年男子，說的是東北方言，想來應該是在地人，整個工作環境和情色氛圍完全無緣。再往前走，則是實際灌膠成形的作業區域，由於裡面正在作業，所以不能入內參觀。

更往裡邊走，有一個特別寬敞的空間。有幾個女作業員對著無頭的人偶軀幹進行去除接痕的作業。後方放了幾個巨大的櫃子，分別擺放一大堆便宜人偶的四肢。明知那是人偶，看上去還是挺恐怖的。

其他隔間則擺放矽膠製人偶的成品，室內吊著幾十個無頭的人偶軀幹，看起來同樣恐怖駭人。

裸體的人偶乳房大小不一，有那種可以一手掌握的小胸部，也有那種跟嬰兒頭部一樣大的重量級巨乳。膚色從深到淺都有，比較受客戶歡迎的白色人偶數量較多。當中也有男性的人偶，只是數量不多。

下一個參觀的隔間是人偶的頭部化妝室。

「我們活用蠟像的製作技術，來替人偶的臉部做造型。尤其我對頭部造型特別講究，開發新的偶頭會先做三、四十種類型，再從中挑選十種來比對，最後由我選出最好看的一種。偶頭化妝一定是讓女員工來負責，這也是我們的堅持。」

楊東岳所言不差，化妝室裡有兩位女作業員，正在幫沒頭髮的美少女偶頭化妝。她們先在嘴唇上色，再替臉頰塗上淡淡的色彩。儘管這兩位作業員全身穿戴工作服和口罩，但作業的樣子和真正的美容師別無二致。

化好妝的偶頭裝上軀幹以後，一尊漂亮的情趣娃娃就完成了。收藏家只要替情趣娃娃戴上他們喜歡的假髮，理想的人造美少女就誕生了。

「中國土地大，要找到工廠用地並不難。我們可以雇用大量勞力，做大規模生產。現在大家也比較不會瞧不起成人用品了，集資擴大事業的難度也不高。這一點是我們跟日本廠商不一樣的地方，日本廠商大都講究職人精神。」

楊東岳說得沒錯，日本的情趣娃娃產業是少數精銳的類型。堪稱業界第一的東方工業也只有幾十名員工，有的廠商還要一人包辦營運、設計、造型、製作等業務。相對地，中國的ＥＸ公司員工超過一百三十人。

ＥＸ公司不只做國內的生意，也有不少產品銷往日本和其他國家。如果連便宜的優力膠製品也算進去，他們每個月生產三百到八百尊情趣娃娃，在業界算是頂尖的生產規模。日本廠商只生產作工精細的高價矽膠人偶，兩者採取的策略方針不同，因此日系大廠一年也只生產數百尊。

中國對情趣娃娃的需求很高，跟前面提到的人口問題也有關係。客戶購買便宜的優力膠製品，主要就是拿來洩欲。

「中國的男女比例失衡，有三千萬男性一輩子找不到伴侶，情趣娃娃的需求量本來就特別大。剛好，國內很少有廠商做得出我們這種水準。競爭者少，生意做起來很容易。」

情趣娃娃在中國被視為時尚的收藏品

ＥＸ公司的經營層年紀不大，多半都有留學日本的經驗，因此公司的標識、官網，乃至會議室都有一種時尚和數位化的氣息。官網上的產品照片，除了性感惹火的類型以外，近年流行的 COSPLAY 文化（中國直接稱為 COS）也有影響到人偶的扮相。

ＥＸ公司的客群廣泛，大概也跟這一點有關。

我採訪ＥＸ公司的其中一位女主管，她是楊東岳的老同學。按照她的說法，有些購買者確實符合一般社會大眾的刻板印象，好比妻子早逝的老人家或鄉下的單身男性等等。但便宜點的矽膠製人偶少說也要十六萬日圓，會購買的大部分是中產階級以上的人，也就是經濟上較為寬裕的消費者。

「之前有個在創投公司上班的三十多歲人，瞞著他的妻小購買我們的產品。也有二十歲的年輕人，帶著他媽媽一起來購買。」

這些人購買情趣娃娃未必是拿來洩欲。很多喜歡拍 COSPLAY 照片的人，也會買情趣娃娃來拍照。

「其實中國國內的客戶（矽膠製情趣娃娃的購買者）有好幾成是女性。她們認為情趣娃娃做得很可愛，好像在買一尊等身大的洋娃娃。也有年輕女子會跟人偶穿一樣的衣服，自拍後上傳到網路。」

日本也有人是買來觀賞和攝影，但年輕女性幾乎不會為了這種事購買情趣娃娃。其中一個原因是日製產品要價近七十萬日圓，年輕女性買不下手，此外還有其他原因。

日本的情趣娃娃是國內性文化發展下的產物，也正因為如此，總是給人一種難登大雅之堂的感覺。況且，普遍認為那是宅男和少數愛好者在玩的東西。事實上，筆者周圍也有一些單身的男性朋友有意購買，但他們又覺得買了挺丟臉。

日本在過去是「文化上的先進國家」，所以中國在進入二十一世紀後，把情趣娃娃視為一種日本流傳過來的文化。至少在中國，人們比較不會用有色眼光看待情趣娃娃，更不會被當成特殊的嗜好。

中國人廣納「萌文化」和 COSPLAY 等愛好也是一樣的道理。再者，過去御宅文化在日本人眼中是噁心的存在，但中國人沒有承襲這樣的觀念。因此，有的買家只把那些漂亮的情趣娃娃當成一種時尚的存在。

情趣娃娃和次文化的親和度

中國還有其他廠商能做出高水準的矽膠娃娃，好比廣東省深圳市的人造人科技公司，以及遼寧省瀋陽市的奇她公司；前者擅長做成熟美人風的人偶，後者則擅長做少女系的人偶。兩者同樣主打時尚華美的風格，尤其人造人科技公司的時尚品牌形象，足以和 EX 公司分庭抗禮。至於奇她公司的商品，跟 COSPLAY 文化的親和度特別高。

中國的情趣娃娃收藏文化，其實跟動漫、COSPLAY 等次文化相當契合。我在二〇一八年五月採訪 EX 公司，碰巧他們也推出了一項新企畫。該公司開發出動漫風的偶頭，裝在人偶的軀幹上，然後將動漫風人偶當成網路偶像，推廣到抖音和嗶哩嗶哩等平台。由於中共有限制網路使用，因此影片只能上傳到中國國內的影音平台，但這種網路偶像的定位，介於真人 YouTuber，以及虛擬偶像絆愛那一類的 VTuber（電腦動畫虛擬的 YouTuber）之間。

ＥＸ公司推出的偶 Tuber 鹿幽幽，號稱「二・五次元偶像」，在中國網路上也紅極一時。二〇一八年五月，知名的男性成人雜誌《男人裝》還特地開了一篇專欄介紹。鹿幽幽的賣點是可愛的幻想風格，而不是性感的形象，因此也有不少女性粉絲。

開發機器人才是主要目的

跟日本人比起來，中國人對情趣娃娃比較沒有偏見。而且他們認為情趣娃娃和先進的數位文化有共通之處。這意味著製造商集資和擴大規模的門檻較低，也更容易在不同領域推動全新的事業。

近年來，中國的情趣娃娃產業在探討一個問題，就是如何將ＡＩ應用在情趣娃娃上，賦予那些人偶活動和對話功能。實際上，ＥＸ公司在這個領域付出了很多心力，他們公司二樓的研究中心裡，已經有情趣人偶搭載ＡＩ系統，可以用中文對話了。研究人員每天都在開發仿生人美少女，新開發的人偶能用遙控的方式，操縱顏面表情和上半身的肌肉（ＥＸ公司建立了另一個新的品牌「EX-AI」，專門開發ＡＩ和機器人）。

搭載ＡＩ的人偶十分優秀，我有幸和實驗機種對話，ＡＩ人偶甚至會告訴我天氣，跟我開一點簡單的玩笑。水準完全不下於日本軟銀的Pepper機器人，實在令我大開眼界。而且外形比Pepper好看多了，是穿著水手服的美少女。Pepper就只是一台白色的光頭機器人，面無表情的樣子也陰陽怪氣的。楊東岳先生還告訴我下面這段話。

「我本身是念理工的，在成立ＥＸ公司之前，我的夢想就是做出ＡＩ的美少女仿生人。現在公司經營上了軌道，資金也夠充裕，終於有能力做我想做的事了。」

二〇一七年八月讓公司股票上市，其實也是為了得到開發機器人的資金。一九八二年生的李博陽是ＥＸ公司的開發主管，和楊東岳是中學時代的朋友。他在早稻田大學念完工學博士，曾在靜岡縣的國立遺傳學研究所上班。後來回中國發展，目前在東北財經大學擔任副教授，同時兼任中國機器人協會副會長。李博陽堪稱中國機器人和人工智能研究的第一人。

儘管楊東岳給他不錯的待遇，但一個如此高端的人才協助成人用品製造商，他就不覺得彆扭嗎？

「我是ＥＸ公司的第二大股東呢。」

二〇一八年五月我再次造訪大連，向他請教上面那個問題，而他也給了一個很直截了當的答案。

李博陽告訴我，他之前協助阿里巴巴和騰訊開發機器人（這兩家公司都是ＩＴ龍頭），也在學校作育英才，但他現在七、八成的工作重心都放在ＥＸ公司上。

「在其他工作領域上，我的任務就只是把知識分享給其他人。不過，ＥＸ公司的機器人開發工作很有挑戰性，做起來很刺激。況且，公司成長對我自己也大有幫助嘛。」

中國第一的ＡＩ來自情趣娃娃製造商

對李博陽來說，ＥＸ公司不是成人用品製造商，而是一個次世代機器人的開發中心，可以讓他從事各種嶄新的研究。更何況，只要他努力幹出一番成果，這個投資標的也能帶給他莫大的經濟回報。

「我們的ＡＩ確實是全中國第一，其他公司也有開發ＡＩ，但我們要的是有感情的ＡＩ。我想做出懂人心的仿生人，除了像 Pepper 那樣接待客人，還可以陪小孩或老人家聊聊天。擁有漂亮的外表（指ＥＸ公司開發情趣娃娃所培養出的造型技術），對有感情的機器人來說是一大優勢。」

美國、德國、日本從上個世紀就累積了深厚的工業技術，因此在機器人的硬體開發上大幅領先。相對地，中國經濟起步特別晚，只有在全新的ＡＩ領域上，中國才有機會跟那些國家站在同一條起跑線上。尤其中國的人才和研究經費雄厚，在ＡＩ領域已經有一部分領先其他先進國家了。可見，這確實是值得研究開發的領域。

事實上，EX公司的AI事業被視為大連當地的新創產業，每年獲得大連市政府補助八十萬人民幣（相當於一千兩百八十萬日圓）。

那麼，科幻小說中的性愛仿生人（可用來從事性行為的仿生人）、戀愛機器人，有辦法做出來嗎？我向楊東岳請教這個問題，卻換來一個挺現實的答覆。

「我不打算開發性愛專用的仿生人，畢竟做了也沒意義。有的廠商特地做出很像蒼井空等特定性感女星的仿生人，讓AI複製真人的性格，這些我都不想做。我希望向全世界推廣全新的概念，然後用這個概念開發出有感情、能互動的仿生人。未來，我想做出能替我們看店或是在家中陪伴我們的仿生人。」

楊東岳的願景聽起來很遠大，這就是中國第一情趣娃娃製造商的目標。當然，提出這種遠大的目標，比製造情趣娃娃更容易吸引投資人，這或許也是目標遠大的理由之一。

總之，在生產情趣娃娃的領域上，中國確實是一個氣度恢弘的國家。

第四章

貴州的情趣娃娃仙人

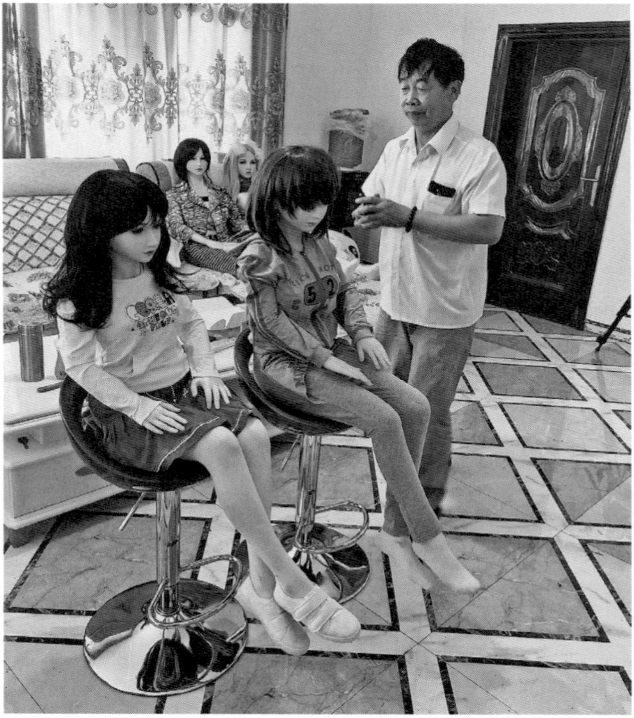

離塵先生介紹他最自豪的情趣娃娃。左邊的娃娃叫小雪。

拜訪情趣娃娃仙人

各位看完第三章或許很納悶，怎麼我對情趣娃娃如此內行？其中一個理由是，我在日本多方採訪業界人士，事先掌握了不少相關知識。

不過，最大的理由在於，我曾到中國深山拜見了一位精通情趣娃娃的師傅。我在他家住了好幾天，耳濡目染之下，終於也成了深諳此道的專家。

這位奇人和八尊情趣娃娃一起生活，在中國網路上的化名叫「離塵」，但我心裡偷偷稱呼他「情趣娃娃仙人」。他離群索居，性格和生活方式又崇尚自然，仙人之名當之無愧。

拍攝自己引以為傲的情趣娃娃，是這位仙人的興趣。他經常在人偶愛好者的社群上，分享各種精美的照片和影片，在網友間也小有名氣。

我是在二〇一七年的秋天才知道有這號人物。中國的資訊短片平台「梨視頻」，有當地媒體採訪這位奇人的影片。由於內容實在太奇葩，可把我逗樂了。

貴州省黔南布依族苗族自治州內有個惠水縣，當年五十九歲的離塵，就住在惠水縣的歪刀村，那裡是中國西南方的邊境地帶。他住在深山幽谷圍繞的山村裡，村內住了不少山岳地帶的少數民族。很難想像已經高度開發的中國，還有那樣的地方。

離塵在二〇〇四年離婚後，和獨生子洋洋相依為命。有一陣子也交過女朋友，可惜後來分手了。

寂寞難耐的離塵，在二〇一四年購買一尊情趣娃娃來當自己女兒（取名小雪），他對待小雪真的就像家人一樣溫柔。之後其他人也送他情趣娃娃，他自己又買了幾尊，原本的小家庭變成了大家庭，他膝下也多了幾個「女兒」。

兒子也理解老爸的興趣。「梨視頻」的影片當中，還有父子倆在自家庭院裡，擺上三尊情趣娃娃，替其中一尊娃娃辦生日派對的片段。偶爾他們還會幫小雪COSPLAY，帶她去參加貴州省的動漫活動，或是跟她一起拍照。父子倆很享受有情趣娃娃陪伴的生活。

「我沒拿情趣娃娃來發洩，至於兒子要怎麼用，就看他自己了。」

二〇一六年兒子剛滿十八歲，離塵就送他一尊專屬的情趣娃娃（據說，洋洋也沒用到情趣娃娃本來的用途）。

「母親跟我們分居了，她說我爸是變態，還叮嚀我千萬不要學壞……」

這段話是洋洋在影片裡發表的評論。

——採訪這一對父子肯定很有趣。

打定主意後，我動用各種關係尋找這對父子。二〇一八年五月，我再次造訪大連的ＥＸ公司（詳見第三章），他們竟然替我引薦離塵。離塵是ＥＸ公司的老主顧，他購買的第一尊情趣娃娃小雪就是ＥＸ公司的製品，後來還跟他們買了好幾尊娃娃。我跟離塵取得聯繫後，他說洋洋春天就到浙江省去工作了，不便接受採訪，但同意讓我去家裡住幾天。

採訪一敲定，我就從緊鄰渤海灣的大連，飛越兩千公里的距離，前往中國西南方的貴州省省會貴陽市。

貴陽市到歪刀村的道路沒經過修整，沿途的村落還有破敗的磚瓦牆，上面還留著毛澤東時代的標語，真的是非常鄉下。當地的農民還會牽著牛走在路上，車子要閃過他們也得費一番工夫。一路上盡是泥淖和碎石，我顛簸了好久才到離塵住的地方，那是五月十一日中午的事情了。

農村的連網人偶收藏館

「來採訪我的記者不算少，想住下來的你還是頭一個。我自己一個住也挺無聊，你肯來我很高興。這裡房間多得是，你就當自己家住下來吧。」

離塵笑著歡迎我到來，還帶我參觀他的人偶收藏館。

他本來是惠水縣（相當於日本的町村）的疾病防治中心檢疫員。年輕時在北京工作過，因此他雖然是農村出身的年長者，卻說著一口標準的普通話。退休後他回到故鄉歪刀村隱居，偶爾參加縣內的會議，在當地友人的健康食品公司擔任顧問，過著怡然自得的生活。按照他的說法，他有資格加入中國共產黨，但入黨要參加很多會議，他嫌麻煩就沒入黨了。

他家是幾年前新蓋的大房子，有兩層樓，佔地大約兩百平方公尺。一樓有廚房、飯廳、祠堂、客廳，廚房用的全是中國製的電器廚具。二樓有起居室、離塵的寢室、洋洋的寢室、情趣娃娃保管室，以及寬敞的陽台。房子後邊就是漣江的滔滔江水，漣江是長江的支流。庭院裡有自行打理的果樹園，以及養蜜蜂的巢箱。

平常離塵都把起居室當成人偶展示中心，起居室裡有大型電視和音響設備。另外，還有編輯照片和影片用的筆電、尼康（Nikon）的數位單眼相機、空拍機。拍好的照片和影片必須先輸出到大螢幕上確認一遍，因此他買的是夏普的大型液晶電視。其他數位產品也是日本的高檔貨，很難想像一個貧困省的農村家庭，會有這麼多的數位產品。

當然，家中到處都有高速的 Wi-Fi 訊號，而且他還有付費使用 VPN，以便瀏覽外國網站的情趣娃娃資訊。中共當局限制人民使用網路，不使用特殊方法很難看到海外網站。然而，一般人很少做到他這個地步。

「有的娃娃是朋友送我的，光我自己買的應該就花了十萬塊以上（相當於一百六十萬日圓）。服裝和攝影器材還要另外算。」

相對地，離塵開的是十年車齡的老國產轎車，衣服也穿得很樸素。我在他家作客的時候，我們吃的都是典型的中國農村飯菜。他會到附近的市場買雞回來調理，跟辣椒放在一起煮（貴州辣子雞）；再不然就是把蜜蜂的幼蟲燉熟了，淋在白飯上食用，吃麵也是隨便加點食材。除了情趣娃娃的相關開銷以外，他幾乎不花錢，顯然是那種喜歡投資自己興趣的人。

我住的房間有乾淨的床鋪，環境也非常舒適。只是，天花板吊了不少女用衣褲和內衣，還有旗袍和迷彩服等等。那些都是二樓保管室放不下的人偶裝扮衣物。

窗外有一片綠油油的美景，還能聽到小鳥啁啾和漓江潺潺的聲音。家門前不時有少數民族的老婆婆背著竹簍走過，身上還穿著古色古香的民族服飾。明明四周環境如此閑靜，房內卻有這麼多高科技的產品，反差未免也太大了。

八尊「美女軍團」

來介紹一下離塵家中的情趣娃娃軍團好了。

這支軍團中最重要的成員，莫過於嬌小稚嫩的小雪了，離塵幾乎把她當親女兒照顧，待遇也特別好。離塵給我看許多娃娃的照片和影片，小雪都是拍攝的要角。另外，還有兩尊成人型的美女人偶，以及一尊幻想風的尖耳妖精。這三尊平常都穿著COSPLAY 服，在起居室裡亮相。洋洋的房間在起居室旁邊，裡面也有一尊離塵送的生日禮物。不巧洋洋不在家，所以那一尊不方便見客。

保管室裡放了一尊同好送的成人型，以及一尊便宜的優力膠製品（EX-Lite）。前面提到的七尊情趣娃娃，都是大連的ＥＸ公司生產的。還有一尊也是同好送的，頭部是日本廠商 LEVEL-D 的製品，軀幹卻是中國製的。

除了這八尊以外，還有一尊ＴＰＥ的情趣娃娃，那是廣東省的製造商金三娃娃

（WMDOLL）送的，但離塵一點也不喜歡，連假髮都沒替她戴上。離塵在收藏家之間也算小有名氣，有些國內的製造商會送產品給他，希望他拍張照幫忙宣傳一下。

「金三娃娃和俊影實體娃娃（JYDOLL）的TPE娃娃，造型太過煽情了，反而缺乏個體的美感。況且，那些只把娃娃當洩欲工具的廠商滿腦子都是錢，感覺不是真的喜歡娃娃，這一點我看不慣。」

離塵表達了他對情趣娃娃的熱愛。

COSPLAY｜試成癮

造訪離塵的那段時間，我就住在他的情趣娃娃收藏館裡，享受貴州省的農村生活。離塵熱愛自己的興趣，只要向他請教情趣娃娃的問題，他一定知無不言。不過，他平常忙著養蜂和保養情趣娃娃，所以也不會主動搭理我。房子裡有很棒的網路設施，住起來真是意想不到的舒適。

以下是採訪的問答概要。

——可否請您說明一下，一開始怎麼會買情趣娃娃呢？

離塵：差不多在二〇一二年吧，我跟女朋友帶著兒子去北京旅行，在當地有看到東方工業的展示品（日本最大的製造商），那時候我才知道有情趣娃娃這種東西。當時我只覺得很有趣，也沒想要買來收藏。最主要的動機是後來跟女朋友分手，很懷念有人陪伴的感覺。那幾年我住在惠水縣的縣城，附近也沒幾個親戚，兒子平常又要上學嘛。

——原來如此，那您選擇小雪的理由是什麼呢？

離塵：我先上網了解情趣娃娃的相關知識，大部分的中國製品都粗製濫造，只有日本製品和國產的 EXDOLL 我看得滿意。我心想，一開始買也不要買太好，就買了國產 EXDOLL 的嬌小款式，也就是小雪。她來我們家以後，徹底改變了我的生活。

——怎麼個改變法呢？

離塵：小雪來我們家第二天，我替她換裝攝影，這一玩就玩出樂趣了。我的心態其實一直挺年輕的，跟我以前的女朋友相處（他女友竟然小他幾十歲！）幾乎沒什麼代溝，跟我二十歲的兒子相處也一樣。我很喜歡數位產品或是 COSPLAY 之類的玩意。而且貴州省這地方好山好水，讓小雪穿上各種不同的服飾，帶她到自然環境中拍照，拍起來真的很漂亮。因為玩起來很有趣，我就買了其他娃娃。

COSPLAY 本來常見於同人誌販賣會，算是同人誌文化的延伸活動，在日本非常流行。二十一世紀以後傳入中國，中國人稱之為「COS」或「角色扮演」。

離塵的興趣已經超越了日本的 COSPLAY 文化。他不只收藏一般女性的服裝，還有常見的奇幻系角色扮演服裝，好比中國人很喜歡的網路遊戲「英雄聯盟」的角色服裝等等。除此之外，他還有當地少數民族布依族和苗族的服裝，以及傳統中國服飾唐裝。甚至連中國人民武裝警察（維持中國國內治安的準軍事組織）的突擊隊迷彩服，和國共內戰時中國國民黨軍的制服都有。

離塵過去替地方政府工作，在當地人面很廣。他曾帶著身穿迷彩服的小雪，偕同一群年輕的軍武迷造訪人民解放軍基地，和基地裡的新兵一起拍照留念。之前還找當地的二十多名年輕人來，一同拍攝小雪主演的間諜動作片。

不但如此，離塵還營造出充滿中國鄉村生活感的 COSPLAY 風格。好比讓情趣娃娃跟著鄰家大嬸一起在鄉村的路上賣魚，或是帶情趣娃娃一起到超市購物等等。

情趣娃娃的胯下玄機

接下來，我們繼續看離塵的訪談內容。

——情趣娃娃本來的用途，您從來沒有試過對吧？

離塵：沒錯，對我來講娃娃就像時裝模特兒，只不過是外形長得好看，剛好又有發洩性欲的用途罷了。從保養的觀點來看，拿來做那種事會縮短娃娃的壽命，所以我完全不會想拿來用。

——這是真的嗎？

離塵：真的，不信你去看那些娃娃的胯下。我直接購買的情趣娃娃，包含小雪在內，胯下完全沒有一絲用過的痕跡。至於保管室裡的情趣娃娃，胯下的矽膠就有裂痕了。那是廣東省的同好要結婚了，又捨不得處理掉，所以跑來向我哭訴，我就代為照顧了。

——總之，娃娃對您來說就跟家人一樣，頂多拿來拍照攝影就對了。

離塵：很多網友喜歡我分享的照片和影片，我也挺高興的。像「百度貼吧」（中國的大型論壇）的「實體娃娃吧」，還有「The Doll Forum」（英語圈的情趣娃娃愛好者論壇）上面，都有網友介紹我的作品。最近越來越多中國人喜歡情趣娃娃，當然每個人的用途都不一樣。

——中國的情趣娃娃愛好者都是些什麼樣的人呢？

離塵：那些喜歡漂亮矽膠娃娃的人，整體來說學歷並不低，也有不少大都會的人。我認識的娃友（情趣娃娃同好）還有人開公司呢。對了，已婚人士也不少。當中還有學生和八十多歲的老人家，女性收藏家也是有的。我跟幾個年輕的女性同好還互加微信好友呢。

——您是指女同性戀會買情趣娃娃嗎？

離塵：不是，她們也喜歡COSPLAY。對她們來講那就是等身大的洋娃娃，替娃娃換衣服和化妝是她們的興趣。我在網路上認識一位雲南省的女大學生，她很喜歡縫製衣服，還送給我一些娃娃的服裝。上海也有一位喜歡娃娃的女大學生，跟我關係也不錯。

離塵在自己的興趣中找到了一個豐富又廣闊的天地。

過去從事醫療業的離塵，是歪刀村和親戚中最聰明的一員。村民和親戚多少也能體諒他的興趣，畢竟聰明人總是比較特立獨行。

別的不說，離塵有兩位姪女，分別是十六歲和八歲。她們幾乎每天都到離塵家玩，還會到起居室跟情趣娃娃一起看電視，家中的大人也不擔心。八歲那個甚至還找鄰居的小朋友，一起用情趣娃娃來玩家家酒。這種光景完全超出我們日本人的想像。

娃娃的療癒效果

——對您來說，情趣娃娃是怎樣的東西呢？

離塵：就是一種嗜好和收藏品。唯獨小雪不一樣，她是特別的，我把她當親女兒看待。我還會帶著她一起兜風旅行。

——您有想過，以後去世要帶著娃娃一起入葬嗎？

離塵：沒有，別人要怎麼處理我無所謂。雖然我喜歡情趣娃娃，但在別人眼中這就是普通的人偶罷了。所以，決定權我留給家人。

——您心中有先畫清一道界線就對了？

離塵：情趣娃娃好就好在，她們跟真正的人類並不完全一樣。最近，業界都在吵著要開發有對話功能的AI娃娃，老實說我不太想要。當然，如果企業找我參與試驗的話，我也不排斥就是了。

——您的前妻還有一部分的網友都說您是變態，您是怎麼想的？

離塵：其實我也可以理解他們的心情。那些沒有情趣娃娃的人會講這種話，我也不意外就是了。不過，日常生活中有娃娃相伴，真的是很不錯。

的確，我實際體驗過也挺不賴的。

我待在離塵家的那段時間，偶爾會摸摸情趣娃娃，幫離塵一起拍攝COSPLAY照片。當然了，我對情趣娃娃幾乎沒有性欲，但躺在「美少女」的大腿上看電視，不時摸摸她們的腦袋，稍微碰一下大腿或胸部，真的有一種難以言喻的安心感。有時候我在起居室用電腦，眼角餘光看到有娃娃相伴，感覺挺幸福的。

事實上，外觀亮眼的情趣娃娃不單是洩欲的對象，對男性的心靈來說也有非常棒的療癒效果。我甚至有想過，回日本以後要買一尊放家裡。

三千萬男性一輩子光棍

第三章也有提到，中國長年來受到計畫生育政策的影響（俗稱「一胎化政策」，一直持續到二〇一五年），很多父母為了生養男孩繼承家業，便用人工手法干預胎兒性別，也有人乾脆墮掉女嬰。因此，中國的男女比為一一八：一〇〇，數字極度偏頗。一輩子結不了婚的男性超過三千萬人。

就算沒有人口失衡的問題，中國男性的結婚門檻也相當高。中國人愛面子，所以中國女性對男性的經濟要求，比日本女性還要高，男性必須擁有不動產、轎車，以及一定的資產。即便交到了女朋友，要步入婚姻也得承受莫大的壓力。

有能力結婚的人也未必幸福。中國人結婚是「全家人」一起決定的。有些婚姻看的不是當事人是否相愛，而是財產和社會地位相似的家族間的併購。像這種夫妻每天各過各的，也沒有任何交流。更慘的是，有的女性不愛自己丈夫，卻對丈夫的財產和前途斤斤計較。娶到那種老婆的男性每天都過得生不如死。

我和情趣娃娃一起玩，真的挺療癒。娃娃COSPLAY 人民武裝警察。　（攝影：離塵）

因此，有一定經濟能力的中國男性購買高檔情趣娃娃未必是要拿來洩欲，有時候他們要的只是精神上的慰藉。如今中國的經濟發展漸趨成熟，人民也需要各種手段來滿足複雜的需求了。

潛入上海成人展

再來談一點更腥羶的話題，讓各位感受一下十四億人口激昂的性欲。

二〇一八年五月二十一日，造訪貴州省情趣娃娃收藏館的一個禮拜以後，我和離塵一起來到上海。

「今年的娃娃水準不錯，造型很漂亮。」

離塵評鑑新推出的情趣娃娃，口吻像在評鑑農產品一樣。那些新的情趣娃娃製造商聽到他說的話全都點頭如搗蒜。

是日，位於上海市西部的大型展覽中心、上海跨國採購會展中心，有中國成人用品業者舉辦的「第十五屆中國國際成人保健及生殖健康展覽會」。

用來當作展覽會場的大廳兩個樓層，佔地一萬三千平方公尺，但展出業者多到容納不下，還排到通道上。主辦單位估算，為期三天的展覽將吸引八萬人參觀。二〇〇五年以後，類似的活動在北京和深圳等各大都市都有舉辦，光是上海一年就舉辦好幾次，已經成為一種司空見慣的展覽活動。

順帶一提，本來採訪展覽是需要許可證的。幸好離塵在情趣娃娃界人面很廣，他幫我拿到某家公司的員工證，我才得以偽裝成中國業者潛入會場中。

情趣娃娃的集中展示區在二樓。

由於全中國的情趣娃娃業者都來參展，各家製品的水準也是參差不齊。有的品質不下於日本廠商和大連的ＥＸ公司，但也有粗製濫造的產品，連要拿來純欣賞都有困難。尤其那些使用ＴＰＥ材質的製造商，大都生產特別煽情撩撥男性性欲的情趣娃娃，好比巨乳系或豐滿熟女系的類型。畢竟身材豐滿的情趣娃娃，更能發揮ＴＰＥ柔軟的特性。

也有中小業者展出一些概念前衛的產品，大概是想吸引更多參觀者關注吧。例如，有的情趣娃娃具備女性的乳房和男性的生殖器，或者身上有三顆乳房。還有七十公分的小型動漫風美少女，身上有一對異常碩大的乳房。離塵看到那些製品，說那根本是變態的玩意。

不少廠商販賣廉價的氣球式充氣娃娃，或軟乙烯基塑膠的充氣娃娃。這種產品很便宜，大約介於兩百塊到兩千塊人民幣（相當於三千兩百到三萬兩千日圓）。喜歡高檔情趣娃娃的收藏家，顯然不是那些廠商鎖定的客群。便宜的充氣娃娃製造商，總公司多半位於浙江省的寧波市。相對地，高級情趣娃娃的製造商，總公司多半位於廣東省的珠江三角洲地區，再不然就是遼寧省。

另外，我還看到幾個攤位上，有ＡＩ對話功能的仿生人情趣娃娃。這些娃娃可以用遙控操縱肢體動作，只可惜跟我在ＥＸ公司看到的實驗機種相比，品質遜色許多。

據說，這類情趣娃娃近來大受矚目。各家廠商紛紛投入開發，以求獲得更多投資人的資金挹注。

狂熱者的性癖也能獲得滿足

一樓參展的業者主要販賣其他成人用品，好比男性自慰用的飛機杯、女性自慰用的跳蛋或按摩棒等等。

離塵只對情趣娃娃感興趣，因此一樓的展覽內容他完全沒興趣。其實，一樓的各家攤位也值得玩味。綜觀一樓展示區，當中有不少奇奇怪怪的商品。例如，有刺激肛門用的金屬栓塞，還有類似工業機械的器材，套著按摩棒進行激烈的活塞運動。也有飛機杯做成女性顏面的下半部，口中還有牙齒。中國對情色內容管制如此嚴厲，你會很好奇中國人是如何得知那些特殊性癖的？根據業者的說法，刺激肛門的產品很受男同性戀的歡迎。

很多成人用品的外包裝，上面印有奇怪的日文和動漫風的萌圖，大概是日本 AV 或成人遊戲散播的文化所帶來的影響吧（使用這種外包裝的產品多半是飛機杯）。有的大廠正式和日本的情色影視業者簽約，請來知名 AV 男優加藤鷹，還有人氣 AV

女優波多野結衣、麻倉憂等人來代言產品。

我還看到販賣ＳＭ商品的攤位，找模特兒實際示範「緊縛調教」的玩法。參觀群眾無不拿起手機拍攝，把攤位圍得水洩不通，四周瀰漫著一股濃密的熱氣。

不過，其中一位參展人士告訴我，跟往年的展覽相比，今年的規模算小了。

「習近平主席突然決定造訪上海，時間剛好衝到原本的展覽期間（五月十七日到五月二十日）。所以在開展前的兩個禮拜，臨時改變了展覽的日期和地點，今年很多業者都沒辦法參展。本來這一次的活動，還有找日本的人氣ＡＶ女優蕾和水野朝陽登台亮相。結果礙於上級的指示，也取消了。」

事實上，當局真正在意的，只有找日本ＡＶ女優登台這件事。這一點留到第六章再詳細介紹。

至於製造和販賣成人用品，乃至召開性愛博覽會，中國完全沒禁止。

市場規模成長到兩兆日圓

話說回來，中國何以發展出如此多元的成人用品產業呢？

前面也有提到，中國受到計畫生育政策的影響，並沒有禁止成人用品在社會上流通。表面上的理由是，成人用品有抑制生育的效果。因此，早些年成人用品還稱為「性健康用品」或「性保健用品」。

中國商業智庫「iiMedia」在網路上公布過一篇成人用品的產業報告（二〇一八年五月十八日的報告）。報告指出，一九九三年到二〇〇〇年這段時間，當局對成人用品的態度還相當保守，表面上成人用品的生產依舊由國家管理。但到了二十一世紀，成人用品的市場也朝自由化的方向邁進。

尤其二〇一三年左右，智慧型手機在中國日漸普及，「淘寶」等購物網站興起，成人用品的市場也迅速擴大。過去消費者要購買成人用品，只能去一些不入流的小商店購買；現在只要有一台手機，隨時隨地都買得到，男性和女性消費者都大幅增加。

在這樣的趨勢下，本來中國的成人用品產業在二〇一〇年以前都以外銷為主，到了二〇一〇年以後，業界終於開始重視國內市場了。根據「iiMedia」的統計，二〇一六年中國的成人用品市場，只有四四〇・五億人民幣的規模（相當於七〇五〇億日圓）。估計到了二〇一九年，規模將成長一倍以上，達到一一八六・四億人民幣（相當於一兆九千億日圓）。而網購的市場規模，估計到了二〇一九年會有四五五・六億人民幣的規模。雖然這些數字還包含了保險套的銷量，但仍然是一塊超乎想像的大餅。

上海性愛博覽會展示的 TPE 情趣娃娃，五官不怎麼精細，身材倒是很豐滿。

基本上，二十五歲到四十歲的人性生活較為活躍，對成人用品的需求量也特別大。這些人很習慣使用網路購物，如今全中國有將近兩億人上網購買成人用品。

市場迅速擴大，享受到紅利的不只是中國新創企業，日本企業的業績也上揚了。

比方說，日本TENGA企業販賣的TENGA飛機杯，還有女用的按摩器iroha，在中國也非常受歡迎。TENGA的公關負責人表示，雪人型iroha在中國的「微博」獲得廣大的回響，銷量比日本國內還要好。TENGA的飛機杯也享有很高的人氣。實際上，上海等大都市的便利商店都有賣TENGA的產品。

有的人購買矽膠製的高級情趣娃娃，只是想要尋求一絲慰藉。除了這些人以外，不少男性購買TPE娃娃、充氣娃娃、飛機杯，純粹是想發洩性欲。女性對按摩棒也有一定的需求。還有人想要更加變態的成人用品。

從這些成人用品的需求，可以窺見中國複雜的社會狀況。

【專欄三】盜版ＡＶ開頭的奇怪中文廣告

日本和中國地緣相近，沒學過中文的日本人也知道一些中文，像是「你好」或「謝謝」。不少日本人也知道去中式餐廳點菜的用語，好比「鍋貼一個」，就連麻將用語也知之甚詳。只不過，可能文法或發音不太標準就是了。

然而，近年來有一句中國話知名度特別高，完全不輸給上述的用語。當然，會知道這句中文的，多半是二十歲到四十歲的光棍魯蛇。到底是什麼樣的話呢？請往下看。

澳門首家線上賭場上線啦。

很多日本的成人影片被加上這段中文廣告和語音，違法上傳到成人影片網站供人觀賞。這類廣告會在影片開頭的前三十秒播放，影片快結束時也會打上「澳門神話娛樂城」的浮水印和網址。順帶一提，澳門首家線上賭場上線啦（以下簡稱「澳門首家」），是指澳門第一家線上賭場正式營運的意思。

這是華人圈的博弈業者非法取得日本 AV，並且擅自加入廣告和宣傳字幕，刻意散播到網路上。

只要在網路上分享免費的成人影片，一定會有人點閱。影片釋出到網路空間後，會不斷轉載到其他網站上。據說，大型的成人影片網站一天就有六千萬人登入，能發揮超級強大的廣告效益。與其在網路上老實刊登宣傳廣告，不如用這種手法，可以更有效地吸引顧客到自家網站上。

更何況，那些網友明知盜版不對，卻還經常光顧成人影片網站。這種人跟一般奉公守法的百姓相比，更有機會到可疑的線上賭場光顧。儘管從法律和道德角度來看，利用盜版影片來做宣傳並不可取，但不得不承認，這是很聰明的宣傳手法。

在台灣成為一種網路文化

不消說，這段「澳門首家」的廣告在華人圈的知名度遠超過日本。例如，被喻為「台灣2 channel（5 channel）」的大型論壇「PTT（批踢踢實業坊）」，也用這段話當網路哏。就連網路辭典「PTT鄉民百科」（相當於日本的「NICONICO大百科」）也有專文介紹。

二〇一七年十月底，PTT停機五天後再次開台，站方也在臉書上大玩「澳門首家」哏，宣布「台灣最大線上BBS上線啦」，大批網友也點了讚。

二〇一七年八月，一對台灣情侶拍下自己穿情侶裝的照片，公布到臉書頁面上。T恤上印有「澳門首家線上賭場上線啦」的字樣，這件事在網路上炒出了熱度，當地電視台與知名的「蘋果日報」網頁版都有報導，標題是「男人都知道這句話的意思」。

這一件T恤在台灣的網路商店要價四百塊新台幣（相當於一千四百五十日圓），顏色有白色和黃色，商品名稱還有一段莫名其妙的註釋，內容是「東京熱加勒比可參考」。

馬來西亞的檳島有不少華僑，中文線上新聞網「Moretify」的總公司就在該島。二〇一八年九月四日，「Moretify」刊出了一篇報導，標題是「馬來西亞九成九的男性都知道『澳門首家』廣告」，還附上網友實際上網路賭場遊玩的照片。換句話說，這個廣告不只在中國和台灣享有高知名度，在馬來西亞也相當流行。

抓到線上賭場的經營者了！

這個具有神奇知名度的「澳門首家」廣告，未來大概不會有新的片段上傳了。二〇一七年十月底到十一月初，台灣警方對雲林、嘉義、高雄等地實施掃蕩。經營博弈網站的十四名成員因違反賭博罪遭到逮捕，各據點的二十二台電腦和二十六支手機也被查抄。

廣告中提到的澳門頂級線上賭場，其實位在台灣南部的鄉下城市嘉義市，而且還是開在破爛的檳榔攤裡。二十八歲的黃姓主嫌有前科，經營數十種線上博弈，包括運動簽賭、百家樂、網路麻將等等。

根據當地媒體的報導，這個集團在盜版影片添加博弈網站的廣告，上傳網路吸引賭客，讓賭客透過第三方購買線上賭資，參與非法的賭博遊戲。短短半年營收就高達一四．三億新台幣（相當於五一．八億日圓），會員更多達兩萬三千人。

好色好賭又不把著作權當一回事的會員，當然也不是什麼好東西。他們每天在線上博弈網站虛擲一百萬到九百萬新台幣（相當於三百六十二萬到三千兩百五十八萬日圓）。犯罪集團在日本成人影片上添加廣告，放到網路上吸引更多賭客。光是經營博弈網站，半年就賺到了新台幣七千萬以上的利潤（相當於二・五億日圓）。

「澳門首家」廣告用的是中國大陸的簡體字，因此在新聞曝光前，大家都以為那是中國大陸人經營的，沒想到竟然是台灣的博弈業者。由於上網觀看盜版的客源大都是中國大陸人，所以犯罪集團才使用簡體字打廣告。

然而，這次「澳門首家」的經營者是犯了賭博罪才被逮捕，台灣當局並沒有嚴厲取締違法上傳的行為。假設首腦還有經營博弈以外的事業，現在各位應該看得到其他的廣告。

事實上，利用盜版影片宣傳有極大的效果，台灣的線上情色聊天業者，還有其他華人圈的非法業者也爭相效法。

二〇一八年，日本的盜版漫畫網站「漫畫村」也受到社會嚴厲的批判。這種利用現有的創作牟取暴利的手法十分惡劣，但不肖業者多在海外設立據點（漫畫村的伺服器同樣設在海外），要關閉這些網站並不容易。尤其經營者還有黑幫背景，查緝起來就更加困難了。

那些穿插了奇怪中文廣告的成人影片，未來大概還是會被各國的網友傳閱，間接幫助那些宵小得利吧。

第五章

LGBT族群的糾葛與受難

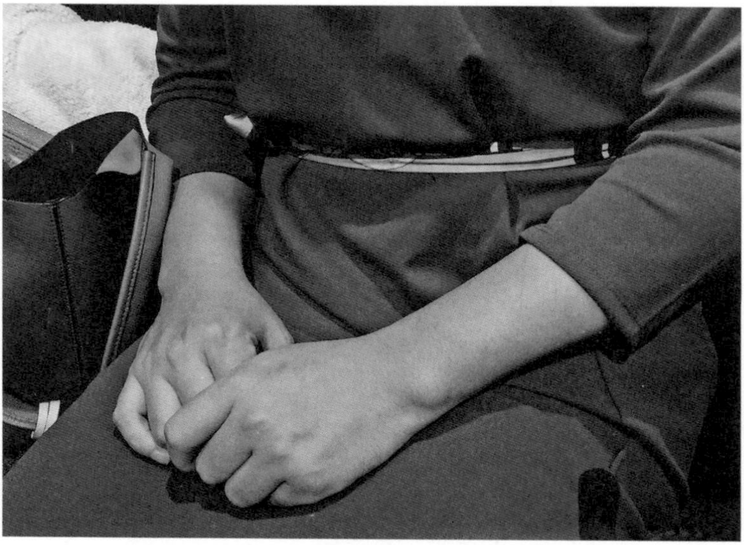

接受採訪的跨性別中國人小櫻。

LGBT性少數族群高居世界之冠

——嗨、小愛，妳覺得同性戀是變態嗎？

「應該是吧。」

——妳認為同性戀是變態？

「那種人精神一定很扭曲。」

前文的歧視性發言，來自小米科技的智慧型音箱「MiAI Speaker」（中文名稱「小愛」）。小米科技是中國的新創ＩＴ企業，更被喻為「中國的蘋果」。小愛則是二〇一七年八月販售的產品，售價兩百九十九塊人民幣（相當於四千八百日圓）。儘管價格便宜，卻有搭載小米科技開發的ＡＩ。使用者可以利用相關的應用程式，灌輸ＡＩ各種問題和答案，逐步拓展ＡＩ的對話能力，算是非常有企圖心的一項產品。

不過，單純的學習型ＡＩ被人類灌輸負面訊息，也會做出失控的發言。二〇一六年三月，微軟開發的ＡＩ「Tay」也在社群平台上發表仇恨言論。二〇一七年八月，中國騰訊在通訊軟體上發布的「BabyQ」ＡＩ也多次發表反體制言論。小米的ＡＩ做出歧視同性戀的言論，似乎也是同樣的現象。

二〇一八年四月六日，中國同性戀者的網路頻道「同志之聲」將這件事公布在中國的社群平台「微博」上。幾天後小米發表了道歉啟事，由於小米也有做海外生意，不得不給一個像樣的解釋。他們的說法是，這是使用者的意見影響到ＡＩ的學習結果，並不是ＡＩ開發者的思想。

不消說，小米的ＡＩ會有「炎上言論」，主要是中國部分的使用者對同性戀抱有偏見。中國並不像歐美或中東的保守派，把同性戀視為宗教上的禁忌。問題是，相較於歐美先進國家，他們對政治正確沒有太多顧慮（應該說，中國本身就缺乏人權觀念）。因此，中國對於各種歧視性的字眼往往沒有自覺，除了歧視同性戀以外，還有歧視黑人和少數民族（尤其是維吾爾人）。

現在世界各國的性少數族群（ＬＧＢＴ）大約佔總人口的二％到八％左右，這些性少數族群包含了女同性戀、男同性戀、雙性戀、跨性別者等等。二〇一五年電通多元研究所做了一份調查：「ＬＧＢＴ調查二〇一五」，顯示日本國內有七・六％的人口屬於性少數族群。

不少中國媒體的報導也顯示，中國的ＬＧＢＴ族群約佔總人口的五％。就比例上來說和其他國家差不多，但中國人口基數較大，換算起來性少數族群就有七千萬之多（中國社會科學院的李銀河教授發表過一份調查報告，中國光是同性戀人口就有三千六百萬到四千八百萬人之多）。

光從數字上來看，中國的ＬＧＢＴ族群高居世界之冠。本章主要從各種資料和報導中提到的同性戀概況，來探討中國性少數族群面臨的問題。

中國的同性戀史和迫害經歷

中國過去的王朝也有明定律法，禁止男性之間的性行為。例如明朝（西元一三六八年到一六四四年）的《大明律》，就有註記「將腎莖放入人糞門內淫戲，杖一百」。意思是將陰莖插入肛門中，要罰一百大板。因為當時的人認為，肛門性交是汙穢的行為，就好像把穢物放入口中一樣。清朝也承襲這樣的觀念，頒布了類似的禁令。

朝廷會明令禁止，代表民間有很多人從事這種性行為。尤其明代後期民風頹廢，中國南方盛行斷袖之歡（俗稱南風），還有俗稱「南院」的美少年男娼妓院。

來介紹一個實際的例子。一五五六年道明會傳教士加斯帕・達・克魯士（Gaspar da Cruz）到中國傳教，在廣州一帶逗留一個多月。這位和聖方濟・沙勿略（San Francisco Xavier）算是同世代的葡萄牙傳教士，在他的著作裡寫過這麼一段經歷。

> 當地的中國男子有一令人忌諱的醜陋惡習。那種違反人類本性的罪孽（好男色），對他們來說習以為常，甚至不認為有何不妥之處。（摘自克魯士的《中國志——葡萄牙傳教士眼中的大明帝國》，日埜博司翻譯，講談社學術文庫）

再來介紹另一個例子，這是關於國都北京的記載。這個例子比較接近女裝少年癖，而不是單純的同性戀——套一句現代的說法，又叫「偽娘」嗜好。義大利出身的耶穌會傳教士馬泰奧・里奇（Matteo Ricci，漢名利瑪竇）憑藉優異的中文能力，享有出入明朝宮廷的權利。以下是他描寫十七世紀初的北京情景。

最可嘆的是，這個國家的人不只貪圖自然的欲望，甚至還追求不自然的錯亂欲望，這也突顯了該國人民的可悲之處。法律既沒有禁止，人民也不引以為恥。是故，這樣的惡行隨處可見，人人公然議論，也沒人出言制止。此等令人唾棄的行為在民間盛行，號稱城中之城的北京，有些路上到處都是娼妓打扮的男孩子。有人花錢淫樂這些小孩，或者教他們彈琴、歌唱、跳舞。這些小孩和女人一樣盛裝打扮，挑逗男性可悲又可恥的欲火。（摘自《大航海時代叢書（第二期第八篇）中國基督教傳教史》，川名公平翻譯，岩波書店發行）

克魯士和利瑪竇都是基督教的傳教士，在著作中都把同性戀描述成一種「惡習」。但我們不難發現，當時同性戀在中國是一種很普遍的現象。

來介紹一下古代中國社會對同性戀關係的稱呼。有些稱呼是特定地區使用的，好比明清時代的福建省南部，就把相戀的拜把兄弟稱為「契兄弟」。湖南省和廣東省則是用「行客」或「契相知」等用語，來稱呼女同性戀的姊妹關係。古時候未婚男女罕有交流的機會，除了家人以外，平日接觸的多為同性。因此，同性之間有感情和性愛關係，在某種程度上來說是很自然的現象。

直到中華人民共和國建立後，這樣的風氣才有明顯的轉變。蘇聯的史達林政治體系推動了一連串迫害同性戀的政策，中國或許是受到蘇聯影響，也制定了各種法律禁止同性戀。好比制定雞姦罪禁止肛交，或是用流氓罪作為取締同性戀和遊民的理由。同時，政治上的意識形態也把同性戀視為一種荒淫的封建餘毒，並加以排斥。

尤其文革時期這種思想審查更加嚴厲，大量的同性戀受到迫害。「無界新聞」是信奉自由主義的中國網路媒體（現已停刊），二〇一五年七月二十五日公開了一篇歷史報導，描述文革時期的紅衛兵，以從事「男男性活動」為由，批鬥中學美術老師、理髮師、藝術家等等。他們被抓去遊街示眾，還被迫吞下屎尿，最後了結自己的性命。

連生殖行為都要管的共產黨

文革過後，對同性戀的迫害也緩和不少，但直到一九九七年都還有雞姦罪和流氓罪，同性戀在中國屬於犯罪行為。二〇〇一年以前，同性戀被視為心理變態造成的精神疾病，必須施以醫療矯正。

到了二〇一五年左右，中國還有一部分精神病院使用電擊「治療」同性戀。（註：過去世界各國也視同性戀為精神疾病，直到一九九〇年WHO〔世界衛生組織〕將國際疾病分類中的「同性戀」項目刪除，才導正了此一偏見。）

往年這些政策的成因，主要源於中國的統治思想。奉行社會主義的中國，不只干預政治和經濟（計畫經濟），連人民的生殖行為都視為控管的目標。好比夫妻生育兒女的數目，本來關係到個人的生活方式，中共當局卻用計畫生育政策加以干預（俗稱「一胎化」政策，現在可以生兩胎了）。像這樣的政策也和統治思想脫不了關係，而同性戀生不出小孩，被視為缺乏生產性的性愛關係，當局對同性戀始終沒有好感。

進入二十一世紀後，中國漸漸不再以意識形態為由排斥同性戀。但習近平當政後，保守的政治傾向復辟，二〇一七年四月在湖北省武漢市的華中科技大學內，竟然還看得到一幅聳動的布條，上面寫道「維護中華民族傳統倫理，捍衛社會主義核心價值，抵制西方腐朽思想侵蝕，讓同性戀遠離大學校園」。

中華人民共和國的制度，從本質上來說對同性戀（包括其他性少數族群）並不友善。

某位中國同性戀的自白

中國的同性戀人口遠高於加拿大及澳洲的人口，因此同性戀在社會上有一定的存在感。網路上（尤其是社群平台）也能輕易找到同性戀的社群，大城市也有類似同性戀酒吧的設施，或是供同性戀聚會的三溫暖。綜觀網路成人廣告，還有提供男性賣春服務的情色業者，俗稱「同志會所」。

那好，也該來介紹一下中國同性戀者的實例了。

二〇一九年三月十八日，我在新宿認識了一位中國同志，化名「CHIN」（三十歲）。他來自中國南方的某座大都市，來日本已經第五年了，目前從事設計工作。替我引薦這位先生的是社運人士劉靈均（三重大學特任講師），劉先生是在日本發展的台灣同志，擔任關西同志聯盟的共同代表。

以下為CHIN的訪談內容，中間會穿插一點適當的解說。

> 我從青春期開始就深受同性吸引。比方說大家在看電影，其他同學都盯著女星的身體，只有我一直看男星的身體。不過，那時候我還不覺得自己是同性戀。一直到我十七歲交了男朋友，認知才有明確的轉變。

我就讀的高中水準比較高，校風也相當自由，一群未成年學生也會聚在一起小酌。有一次學校舉辦活動而和同學一起住宿，我醉倒在房間裡。結果一個同學跑來跟我發生關係。一開始我也不懂是怎麼回事，就只是任他擺布，感覺有點恐怖。我擔心做這種事會惹出麻煩。

可是，實際發生關係以後，我認為應該要有一個明確的關係才對，所以事後我主動提出交往的要求。平常約會就一起外出吃飯，週末就到他家留宿。他父母以為我只是兒子的好朋友，兩家的父親也是中學時代的好友，也很信賴對方。因此我經常去他家住，也沒出什麼問題。

我和他交往了一年左右，後來他說不想再當同性戀，我們的關係就結束了。這話聽起來好像很自私，但我那時候也沒認識其他同性戀，根本無從判斷他的行為自不自私。

你問我那個人後來怎麼樣了？聽說大學畢業後他加入人民解放軍，變成一個普通的異性戀了。可是，兩年前我見到他，他好像改當一般公務員，也交了男朋友的樣子。一些中國同性戀常說要「回歸」正常，實際上根本不可能。我們打從一開始就是同性戀，到底要怎麼回歸正常呢？

「給我回歸正常」

前面也提過，中國社會沒有把同性戀視為宗教上的禁忌，但也沒積極包容罕見的價值觀和生活方式。因此，大多數人都認為異性戀才算正常，同性戀不正常，而且這樣的觀念根深柢固。中國的同性戀也有類似的觀念，即便他們沒有和異性交往的經驗，也會用「回歸」正常這種表達方式。

這些人的父母對同性戀這個概念也不了解，對老一輩人來說同性戀就是「異常」，所以會強烈要求子女「回歸正常」，親子之間也就爭執不休。

CHIN上大學後又交了一個男朋友，可惜交往沒多久就分手了。接下來他談了一場轟轟烈烈的戀愛，戀情長達七年之久。然而，這一場戀情同樣沒有好結果，理由也跟他的父母有關。

我升上大三的時候，交了一個小我五歲的男朋友。我們同居兩年，遠距離戀愛又談了三年，後來發生很多事情就分手了。一方面是我工作太忙，又要到日本留學。不過，最後我們的關係惡化，主要還是父母的問題。

交往到第六年的時候，我跟母親坦承自己是同性戀。而且沒有經過深思熟慮，是一時衝動說出口的。當時我祖母過世，我從日本趕回故鄉。舉辦葬禮的那段時間，我媽跟我談了很多事情。她希望我趕快找個對象結婚，我坦承自己是同性戀，她要我回歸正常。

那時候我很快就回日本了，也沒跟我媽談得太深入，這一點我做錯了。我男朋友跟我同居以後，就繼續住在同一間房子，那間房子是掛我媽的名字。我媽原先以為我們只是朋友（中國的年輕人經常一起租房子），當她得知我們是情侶，也就沒給我們好臉色。我男朋友畢竟是房客，每個月都要付房租給我媽，關係鬧得有點僵。

到頭來，男朋友怪我出櫃之前沒先跟他商量。這件事也導致我們的關係破裂，最後就分手了。

跨性別者面臨的家庭問題

中國ＬＧＢＴ族群的親子問題，不只發生在同性戀身上，跨性別者也有一樣的煩惱。

二〇一八年十二月，我到西日本的城市採訪中國留學生小櫻（小櫻是化名，年紀二十七歲）。她來自黑龍江省，來日本已經第五年了。她的性別認同是女性（生理上是男性）。

她一開始以為自己是同性戀，來到日本以後才成為跨性別者。以下就來介紹小櫻的個人經歷，有一部分內容和 CHIN 有重疊之處。

我在青春期就發現自己喜歡男性，其實中學時代每班都有一兩個同性戀。我們身旁就有那種人，也不用特地去尋找。所以我在念中學的時候，和隔壁班的朋友互相坦承性傾向。我們並沒有交往，但我當時就有男朋友了，是偷偷交往的。

我還沒離開中國的時候，也一直以為自己是同性戀。念大學時也交過幾個男朋友，但過程中我發現有些問題。我喜歡的男性他們不是同性戀，而是普通的異性戀。再者，我交過的同性戀男友，是把我當成一個男性看待，這一點我不太能接受，總覺得怪怪的。

我二十五歲才開始穿女裝，差不多是我來日本第三年的時候。我一直想嘗試看看，穿上去終於有得償所願的感覺。女裝是我在網路上購買的。

我漸漸掌握了女裝的穿搭風格和化妝技巧，化妝技巧是看 YouTube 自學的。女裝也是先在家裡試穿，等習慣了再穿出門。

我平日以女性的身分過活，大概過了一年左右，我去學校也開始穿女裝了。

現在我還會教日本的女性朋友化妝呢（笑）。

近年來 COSPLAY 文化在中國很流行（詳見第三章、第四章），年輕男性也會抱著好玩的心態穿女裝，這又稱為「偽娘」文化。有些人還當上了網路偶像，在微博或推特上搜尋「偽娘」或「女裝少年」「cd（crossdresser）」等關鍵字，可以找到很多女裝中國人或跨性別者的帳號。這些人對御宅文化和 COSPLAY 的接受度很高，不少人都有一定的日文能力。

然而，以女性的身分在社會上打滾，和一時興起穿女裝是不一樣的。同性戀只要不公開自己的性向，就不必承受旁人異樣的眼光。相對地，跨性別者就算不坦承自己的性向，旁人觀察他們的聲音和體格，也可能察覺到他們的真實性別，而且不見得能諒解這種行為。可以想見，跨性別者要在中國社會找到一份體面的工作並不容易，更遑論過上普通的生活了。再來看看小櫻的說法。

我在中國念大學的時候，有跟父母坦承自己是同性戀。我認為也差不多該坦白了，父母並不諒解我的性傾向，他們只覺得我早晚會「回歸『正常』」。

我來日本以後開始打扮成女性，這件事我始終沒告訴父母。二〇一八年的春節我回老家探親，穿的也是男裝。我的長髮其實是假髮，平常在日本打扮成女性過日子，所以我跟父母聯絡從來不用視訊（不然會被父母發現）。

中國的同性戀人口不算少，但我在國內沒見過其他跨性別者。QQ上是有一些跨性別者的社群，但貼文大部分是買春或賣春廣告。我對那種東西挺厭惡的，也不太想看。我想，中國幾乎沒有跨性別者的交流區吧。當然，沒幾個跨性別者能穿成自己喜歡的樣子工作，願意雇用跨性別者的公司也不多，不少人都是下海賣淫。

將來我希望用女性的身分和外貌享有一般人的工作權利。我想做普通的工作，而不是陪笑賣身。所以，我將來打算留在日本工作……

不消說，跨性別者比同性戀更難得到父母諒解。對老一輩中國人來說，LGBT族群還是一種未知的概念，而另一個重要原因和中國社會的傳統價值有關。

同性戀有錢就能買到幸福

中國人有一種根深柢固的觀念，他們認為男性結婚生子是最大的孝行，也是人類該履行的社會義務。這樣的觀念主要來自儒家思想和民間信仰。

傳統的中國思想認為，我們的「骨」和「肉」是父母給予的，但「氣」這種靈性的能量是透過「骨」一脈傳承下來的。換句話說，男性必須留下後代（尤其是男孩子），否則傳承幾千年的「氣脈」就此斷絕，這是對祖先不孝。漢族一向以炎黃子孫自居，炎黃二帝是神話時代的帝王。而且他們自詡為龍的傳人，因此在中國人眼中，「氣」是古聖先賢傳下來的。

且不論一般中國人有多在意這些傳統觀念，老一輩中國人要求同性戀子女回歸正常，主要是中國社會普遍認為傳宗接代是人類該負的責任。

反過來說，異性之間傳宗接代未必要有愛情，只要有留下子孫就算盡了孝道（明朝同性戀風氣盛行，大概也是因為這樣才獲得社會默許）。

前面提到的中國同性戀者 CHIN 也發表了下列的看法。

> 說實話，我跟幾個同性戀友人生在富裕家庭，父母都有好幾棟房產。像我們這樣的同性戀比較沒壓力，反正父母最看重的就是結婚生子傳宗接代，只要有履行這個義務，父母也不管我們是不是同性戀。
>
> 因此，我不少朋友也跟女同性戀結婚。例如我以前在中國國內的上司，他也是同性戀，而且已經結婚了，對象就是女同性戀。他們認為傳宗接代用人工受孕就夠了，夫妻之間也沒有性生活。
>
> 像這種夫妻都有簽婚前契約，萬一日後離婚，孩子的撫養權歸誰也都有詳細規畫。

本書的〈前言〉也有提到，中國年輕人每週性行為的次數，和收入是呈正比的。就連夜生活都有貧富不均的問題，同性戀的幸福指數也是如此。生在有錢人家的中國同性戀，只要找到理念相近的伴侶，使用人工受孕的方法傳宗接代，就可以免除「不孝」的罵名，過上幸福的生活。

根據CHIN的說法，敢在中國出櫃坦承自己是同性戀的人，多半從事設計、音樂、媒體相關的工作，那些行業比較能接納特立獨行的人。至於不敢坦承自己性向的同性戀，大部分從事理工類別的工作。

總而言之，在現代的中國社會生活，金錢可以解決大部分的煩惱。就算與常人殊異，握有強大經濟實力的人還是過得很好。

一千六百萬「同性戀的妻子」

不過，弱肉強食的社會總伴隨著犧牲。

有的中國同性戀受不了父母的催婚壓力，只好用婚姻偽裝自己，而且行之有年。他們為了保持已婚人士的形象，沒有坦承自己真正的性傾向，選擇和異性戀的女性結婚。

那些被同性戀用來當障眼法的女性得面對十分不公不義的困境。

像這類嫁給同性戀的女子被稱為「同妻」。

中國的家庭雜誌《人之初》（二〇一二年五月上半月出刊）就有介紹過這個問題，據估計中國全境有將近一千六百萬名同妻。然而，願意接納自己丈夫是同性戀的，只有九分之一。其中也有結婚數十年都在忍耐的婦女。

——來看幾個當地媒體介紹的同妻案例吧。

中國知名的男性時尚雜誌《睿士》曾在網頁版上公開一篇報導（二〇一八年五月

三十一日的報導）。女礦工X在中等專校（相當於日本的職業科高校）畢業後就結婚了，二十歲便生下小孩。新婚的那段時間，丈夫和X就沒有太多親密接觸，但看上去並不像同性戀。後來X懷孕以後，丈夫就不太回家了。

孩子出生沒多久，婆婆不斷找X的麻煩，逼她和丈夫離婚。X跟丈夫商量，丈夫要她先辦理假離婚，等情況緩下來再復合。X也接受這個建議，孩子的撫養權也交給父親，她以為離婚只是形式上的而已。

事後X發現丈夫是同性戀，跟她結婚也只是迫於傳宗接代的壓力。離婚以後丈夫也沒有跟她復合，孩子更被夫家奪走。丈夫和夫家只把她當成一個「生小孩的工具」。

同妻只是延續血脈的工具

另外，「東北網」也刊過一篇採訪報導（二〇一五年四月十六日報導），介紹某位四十八歲哈爾濱同妻的真實故事。

雨梅（化名）是在一九九二年透過友人介紹認識丈夫。他們認識才短短八天就結婚了，丈夫是一位看起來溫文儒雅的青年，而且還會噴香水，這在當時的中國很罕見。不料，結婚才四天就遭到丈夫冷落，夫妻倆幾乎沒有對話，婚後一整年也沒有性生活。直到婆婆催他們快點生孩子，丈夫才心不甘情不願地和她發生關係。以下翻譯記者和雨梅的訪談內容。

——丈夫對妳很不好，妳就沒懷疑過他的性傾向嗎？

雨梅：沒有，我才高中畢業，他各方面都比我優秀（包括經濟、學歷、社會地位）。一開始他答應跟我結婚，我聽了也很訝異。所以，我一直覺得自己有錯，我不懂為什麼其他夫妻快快樂樂的，就我倆有問題。

——那妳如何得知丈夫是同性戀？

雨梅：他用網路都不讓我看，七年前我出門的時候回家拿東西，發現他沒有關閉（電腦上的）QQ頁面。

他在QQ上面說，他娶我只是為了要隱瞞同性戀的身分。更可怕的還在後頭，原來他的家人都知道他是同性戀，大家聯合起來欺騙我。那時候我真的很絕望，甚至想過要自殺。但我想起了女兒，就先忍下來了。

——為什麼不離婚呢？

雨梅：當時女兒年紀還小，我不希望女兒在單親家庭長大。

——妳丈夫都不幫忙照顧女兒嗎？

雨梅：他都沒幫忙，反正我在他眼中就是傳宗接代的工具，一個會幫忙做家事的管家兼保母。不，我的地位說不定還不如管家。丈夫賺的錢大部分都給其他男人花用了。

根據《睿士》的報導，被選為同妻的多半是學歷和社會地位不高的女性。男方看準這些人缺乏經濟實力和判斷力，誘騙她們步入婚姻（女同性戀也會找「同夫」隱瞞身分，只是相對較少）。

過去中國同性戀深受共產體制迫害，再加上中國民風視結婚生子為重要義務，因此同性戀始終處於不自由的環境下，不得不偽裝成異性戀。

當然，中國全境有數千萬的同性戀，並不是每個人都虛偽不實。只可惜有些人為了躲避社會的歧視和迫害，對其他異性造成了另類的迫害。而且他們迫害的，還是那些社會地位遠不如自己的人。

近年來民間組成了「同妻」互助團體，在前文中 CHIN 所提到的男同性戀和女同性戀合意辦理契約婚姻的案例，也有增加的趨勢。因此，狀況已經有慢慢改善了。不可否認的是，同妻問題確實是中國同性戀議題的一大負面因素。

迫害性少數族群的傳統價值觀和共產主義

近年來，同為華人一脈的台灣也積極討論是否要趕在其他亞洲國家之前開放同性婚姻（台灣版編註：台灣同性婚姻正式合法化是在二〇一九年五月，本書完稿於該年四月）。二〇一六年，台灣當局還任命三十五歲的唐鳳擔任政務委員（相當於內閣官員），專責數位資訊業務。唐鳳是跨性別者，台灣任命跨性別者當官，展現出了對LGBT族群的寬容。

香港的開放程度雖不如台灣，但在二〇一八年也頒發了配偶簽證，給一位英國女性的同性戀配偶，二〇二二年也將舉辦「同志運動會」（台灣版編註：因疫情之故，延至二〇二三年底），那可是LGBT族群的世界級大會，顯見香港對性少數族群也十分寬容。

在經濟全球化的影響下，對人種、民族、性向不夠寬容的國家，容易失去商業機會。所以這些開放舉措有一部分也是為了追求實際利益。不過，除了中國以外的華人地區，確實對LGBT族群很寬容。

中國近年來在網路上，也有成立「同志之聲」那樣的訊息傳播平台，還有「同性戀親友會」之類的互助團體。先進的上海也由民間舉辦「上海驕傲節」，讓民眾更了解LGBT族群。本章開頭提到的小米AI歧視發言，就是「同志之聲」提出抗議才引起社會關注。

前面也提過，中國還有一部分精神病院把同性戀當成疾病「治療」。然而，二〇一七年某位受過「治療」的河南省男性控告醫院，法院也判醫院敗訴。甚至還有一些同性戀伴侶對地方政府興訟，以求開放同性婚姻的權利（遺憾的是，這就沒有勝訴了）。

儘管進展緩慢，中國LGBT族群的問題還是有些許改善。但流傳數千年的傳統價值觀，還有習近平政權下共產黨當局漸趨保守的意識形態，都是性少數族群追求幸福的阻礙，這也是無可否認的事實。

【專欄四】連共產黨幹部也抵抗不了的黃與毒

左鄰右舍全都吸毒

二〇一五年一月八日，浙江省溫州市有二十名男女，在卡拉ＯＫ包廂內吸食毒品，碰巧被公安逮個正著。這一群人並非初犯，而是經常性舉辦吸毒趴。同年三月三十日開庭審理，女性主嫌被判處一年徒刑和人民幣五千元罰金（相當於八萬日圓），其他成員判處數千元罰金。

以下就來介紹「浙江新聞」的網路報導。各位看到這件案子，可能以為這是年少輕狂的小屁孩聚眾吸毒。或許你們還會感嘆，中國也跟日本一樣世風日下了。其實真相並非如此，首先戴姓主嫌已經五十一歲了，其他被逮捕的四名男子和十五名女子，最年輕的也有三十八歲了。他們大都是四五十歲的熟年世代，平日過著養兒育女、含飴弄孫的幸福生活，純粹是中國隨處可見的中年人。

這些被逮捕的中年人都是鄰居，平常會聚在一起打麻將，聊一些保養的話題。孰料，二〇一四年四月他們幫朋友慶生，其中一人竟攜帶毒品供眾人吸食，大夥就吸上癮了。

他們濫用的是一種叫K他命的藥物，從口鼻攝取會產生致幻作用。中國的不良少年從二〇〇〇年就開始濫用，俗稱「K粉」。K他命本來屬於麻醉藥品，尤其用在動物身上的通常會從養豬場外流，所以是一般中國人比較好取得的毒品。

這些中年人抵擋不了毒品的快感，原本的衛生麻將團很快淪落為毒蟲集團。他們還在微信上成立新的群組「爽歪歪」互相交流。

戴姓主嫌以「運動會」的名義辦吸毒趴，其他成員也騙自己的家人去參加運動會，實則是去吸毒享樂。而且，這些毒癮者大部分是家庭主婦，大夥還展現了互助的生活智慧，一同分攤每次四、五千塊的購藥費。至於濫用藥物的動機，純粹是想替單調的生活找點刺激。

順帶一提，在日本K他命、興奮劑、海洛因都是麻藥取締法的掃蕩對象。然而，中國卻當成「第一類精神藥品」，嚴格來講不算毒品。在中國犯下毒品相關的罪行，會被求處死刑或其他重刑。這一次被逮捕的嫌犯處罰較輕，也跟中國的毒品認定標準有關。

現在中國有不少跟K他命有關的案子，比如二〇一八年十二月十五日，有一位中年男子在高鐵廁所內長時間吸食K他命，結果被鐵路警察逮捕。

「過去中國人有吸鴉片的習慣，從這個歷史角度來看，像那種可以帶來快感的藥物，在中國有很大的市場需求。K他命也算是鎮靜類（會有放鬆作用）的管制藥品嘛。」

這是某位在日華僑告訴我的（他在第一章登場過），他對華人的地下社會相當熟悉。尤其那種鎮靜類的管制藥品有飄飄然的放鬆效果，資產階級也非常喜歡。

便宜又容易取得的毒品

事實上，中國對於「亢奮類」的毒品也有極高的需求。最具代表性的就是「冰毒」（一種興奮劑）和「搖頭丸」（MDMA，俗稱狂喜〔Ecstasy〕）。前面提到的在日華僑又透露了下列訊息。

「這種藥物主要是用來消除疲勞，像建築工或長途卡車司機那種藍領階級，就很喜歡那些藥物。中國各地也經常有警察在幹道臨檢，取締那些用藥的司機。」

有些違禁藥品在日本一公克要價數萬日圓，但在中國的價格直接少一位數以上。應該說，流入日本的麻藥和危險藥品，以中國製的佔最大宗。在本國自產自銷，當然特別便宜。

再者，冰毒和搖頭丸會大幅提升全身感官的敏銳度，使用者常用來提升性愛的快感。像這種用途不只藍領階級喜歡，上流社會也很愛用。

舉個實際的例子。二〇一五年流亡美國的中國政商郭文貴，因為受到王岐山（習近平的心腹，現任國家副主席）和其他中共高層的打壓，所以不斷爆出他們的黑料。郭文貴在日本雜誌《SAPIO》的連載中，談到了中共高層和女藝人的桃色關係，以及濫用藥物的問題。

近十年來，中國高官很流行使用搖頭丸等毒品，在他們眼中，毒品也是極有價值的禮品。（被揭穿亂倫而失勢的）周永康、薄熙來、王岐山他們都有用藥。中共高官的性生活非常不健全，也印證了沒有信仰的共產黨員生活何等糜爛墮落。他們的欲望和佔有欲膨脹到一個程度，就想跟那些女明星「交往」。（二〇一八年十一月和十二月號）

郭文貴的爆料可信度並不高，周永康、薄熙來、王岐山是否真的用藥也不得而知。但薄熙來的妻子谷開來於二〇一一年十一月用氰化鉀毒殺英國企業家，這件案子也成了薄熙來垮台的間接原因。谷開來布局殺人的時候，還準備了冰毒和搖頭丸等毒品，試圖營造出被害人濫用藥物的假象，這一點在審判時也有提到。可見，高官確實能輕易弄到違法藥物。

海外的反體制華人媒體也經常報導共產黨幹部吸毒的亂象。例如，二〇一五年底到二〇一六年初，湖南省衡陽市有超過六十名共產黨幹部，因為吸食冰毒和其他違禁藥品而受到懲處。

據說，日本藝人寧可冒著身敗名裂的風險吸毒，並不是迷戀興奮劑本身的效果，而是用藥後性交會產生莫大的快感。在中國有權力的人可以為所欲為（尤其是胡錦濤當政的時代），一部分共產黨幹部吸毒提升「性致」，也不是什麼罕見的事情。

第六章

日本 AV 女優浪潮下的明暗面

二〇一八年五月，上海性愛博覽會的日本 AV 女優看板。

日本AV在中國市場大紅

邁入二十一世紀，你到中國隨便找一個不了解日本的陌生男子聊天，有很高的機率會聊到以下兩種話題。

第一個話題是抗日戰爭，因為當地電視台大量播放抗日戲劇，就算不是反日分子也會提起這段歷史。這就好像我們日本人一提到青森縣，就會聯想到蘋果一樣；一般中國人一提到日本，也會聯想到「戰爭」。

另一個話題就是AV（Adult Video，成人影片）。日本AV放眼國際，畫質和演員都是一等一的。尤其華人和日本人外貌相近，華人男性也非常喜歡日本AV。

二〇一〇年以後，知名AV女優蒼井空在中國闖出一番演藝事業，這件事也成為日本家喻戶曉的趣聞。除了蒼井空以外，近年來也有不少AV女優受邀參加中國的大型活動。日本AV獲得了廣大的支持與熱愛。

相對地，日本的AV產業也積極開闢中國市場。

「中國那邊會找我們參加各種活動，例如成人用品展（性愛博覽會，詳見第四章）、俱樂部活動、企業尾牙、汽車展等等。日本國內舉辦的粉絲見面會，大都是男性來參加；中國則有很多女性和情侶檔來參加。大家對AV感興趣，主要也是想享受健康的性愛。」

上面這段話是T-POWERS的經紀人告訴我的。T-POWERS是日本大型的AV事務所，旗下有波多野結衣、水咲蘿拉等知名AV女優。該事務所的所有AV女優中，波多野在中國和整個華人圈都享有極高的人氣，因為她的長相酷似台灣女星林志玲。

「二〇一一年三月東日本發生大地震，有人謠傳波多野在拍片時遭遇海嘯。結果，我們公司接到十五通以上的關懷電話，那些粉絲用不太流利的日文，問我們波多野要不要緊。」

根據那位經紀人的說法，這件事讓他們開始認真調查中國市場。於是，波多野和其他知名AV女優終於有機會參加中國舉辦的活動。享有高知名度的AV女優，在中國多被視為普通的海外藝人，一般企業也會找她們當代言人，甚至有機會在電視台演出。

「我們特地把波多野包裝成藝人，沒讓她出席成人用品的相關活動，在中國連穿著清涼的泳裝都沒有。」

前面提到的蒼井空，也是和波多野同樣改走藝人路線獲得成功。蒼井空二〇〇二年出道拍成人影片，在那個年代靠著「極薄馬賽克」系列風靡一時。二〇一一年開始，以普通藝人的身分轉戰中國市場。不但推出了專輯唱片，還演出電視劇和電影，甚至跟中國一線女星同台演出。

照理說中國本該嚴格禁止成人影視，為何日本AV女優還有這麼高的知名度，廣被一般大眾所接納呢？

以下就用蒼井空在中國走紅的經歷，來考察AV在中國受歡迎的原因。

先驅是飯島愛

首先，簡單歸納一下日本 AV 廣為中國人喜愛的原因。

一開始，日本的流行音樂、電視劇、動畫、電玩等創作品，在一九八〇年代到一九九〇年代這段時間，被香港和台灣大量盜版。那時候中國還很貧困，大部分流入中國的都是「盜版的再盜版」。

現在三、四十歲的中國人，就算對日本不太感興趣，也聽過九〇年代的電視劇《東京愛情故事》和《長假》。另外安室奈美惠、globe 這些小室家族的藝人，還有傑尼斯的 SMAP、近畿小子、嵐也都很有名。濱崎步、宇多田光、倉木麻衣等歌手也是無人不知無人不曉。扯個題外話，酒井法子目前在華人圈還是有一定的人氣。一方面是酒井法子當初拍攝了知名的電視劇《白色之戀》，還推出了〈藍色的玉兔〉等熱門金曲，而且在事業正旺的時候，熱心經營亞洲市場，那年頭日本的藝人很少這樣做。

在那個年代，各式各樣的日本盜版創作流入中國，AV 也搭上這股順風車流傳開來。當年中國和其他亞洲國家不太流行錄影帶，ＶＣＤ不佔空間又容易拷貝，反而更為普及。因此ＡＶ也被轉成ＶＣＤ流通，路上的盜版ＶＣＤ店或攤販一張才賣人民幣五到十五塊（二〇〇〇年以後，ＤＶＤ漸漸取代了ＶＣＤ的流行地位）。

九〇年代中期，飯島愛和夕樹舞子風靡了日本ＡＶ業界。二〇〇〇年到二〇〇五年的這段時間，她們在中國也享有很高的知名度。

尤其在二〇一〇年代蒼井空走紅以前，飯島愛就是日本家喻戶曉的性感象徵。二〇〇一年香港喜劇電影《瘦身男女》的其中一幕，劉德華飾演的主角大喊「我女友飯島愛啦！」，由此可見飯島愛的高人氣。這代表去電影院看戲的觀眾都聽過飯島愛這號人物，才會被當成劇情的笑料。

二〇〇五年以後，中國人越來越喜歡韓流作品，日本的流行音樂和電視劇式微。但隨著寬頻的普及，收看違法上傳的盜版影視變得更加容易，再加上東亞地區罕有能和日本匹敵的成人影片，因此ＡＶ依舊保有高人氣。另外，日本的ＡＶ用語也廣為人知，因為大家上網搜索ＡＶ需要用到那些關鍵字。好比「巨乳」、「人妻」、「顏射」等等，也變成耳熟能詳的中文詞彙了。

二〇〇五年到二〇一〇年，中國人喜歡的AV女優有朝河蘭（武藤蘭）、吉澤明步、紋舞蘭、小澤瑪麗亞、波多野結衣等等。當然，曾為頂級AV女優的蒼井空，在那個時候也有一定的知名度，但了不起就是其中一位知名女優，並沒有獲得特別多的支持。

用社群平台抓住粉絲的心

蒼井空真正在中國爆紅，主要跟社群平台有關。

二〇一〇年四月十一日，蒼井空在自己的官方推特上發出一則推文，她說沒想到自己的推特有很多中國人追隨。推文發出以後，大量中國人在推文留下開心的回覆，追隨的數量也呈倍數增長。

當時推特使用人數算不上多，追隨人數有一萬人就算很有影響力了。所以，日本國內也對這個現象感到驚訝。

蒼井空用日文發推以後，還用英文和中文留言。

我使用的是翻译。谢谢，在中国我的球迷。

I use translator in chinese. Thank you for my fans in China.

（https://twitter.com/aoi_sola/status/11994617757）

在這個階段，其實中國人關注不少ＡＶ女優的帳號，蒼井空只是其中之一罷了。然而，蒼井空使用網路翻譯感謝中國粉絲，碰巧網路翻譯誤把粉絲翻成「球迷」。「球」這個字眼令人聯想到女性的上圍，中國網友也很喜歡這種一語雙關。中國和台灣媒體也有報導，也造成不小的話題。

之後，蒼井空帳號的中國追隨者成長到一萬以上，她也持續發表中文訊息，試著和那些粉絲交流。二〇一〇年四月十四日，上述的「球迷」事件過沒多久，中國青海省玉樹藏族自治州發生大地震，蒼井空透過中國紅十字會捐款十萬日圓，算是報答中國粉絲的支持。這一件善舉也深受中國人好評。

再加上「蒼井空」這個名字，是中國人熟悉的三字名，發音也全都是軟顎鼻音，而且音調又是一聲、三聲、一聲，唸起來琅琅上口。

蒼井空比其他 AV 女優更受中國人喜愛，一方面是她積極和中國粉絲交流，並在中國發生震災時提供捐款，另一方面跟她的藝名也大有關係。過去飯島愛也是基於同樣的理由，而享有極高的知名度。

順帶一提，中國男性本來喜歡身材高䠷、五官深邃的清純美女。實際上，一些在日本很有名的「蘿莉型」瘦小女優，還有別具生活感的「熟女型」女優，在中國並不受歡迎。

嚴格來講，蒼井空身材矮小又長著一張娃娃臉，外貌比較對日本人的胃口，不見得是中國人的菜。因此，她在中國的高人氣主要來自人格上的魅力。

菁英階級的反體制象徵

蒼井空和中國網友交流的社群平台，是一般中國人無法使用的推特，可能有些讀者對這一點感到疑惑吧。因為中共當局管制網路，很多海外網站和推特在中國都不能用。

不過，二〇一〇年那時候，中共也還在發展管制技術，民間還是有很多方法可以連上海外網站。況且，當年也沒多少社群平台可用，因此不少中國網友對推特趨之若鶩。

在那個年代，會特地使用外國新興社群平台的中國人，大都是二十歲到三十多歲的知識分子，也就是所謂的「情強（情報強者）」。另外，胡錦濤政權（二〇〇三年到二〇一三年）的權力並不穩固，對社會的管制也相對寬鬆，這些人就用推特獲取國內缺乏的資訊，討論民主化和體制改革的議題。

換言之，上推特追蹤日本AV女優的帳號，對這些年輕的中國男性知識分子來說，有一種黑色幽默的成分在裡面。AV女優是大眾熟悉的性愛象徵，也是政府視為禁忌的對象；公然認同政府視為禁忌的對象，給人一種瀟灑不羈的感覺。

當時，年輕作家韓寒敢於批評時政，深受大眾喜愛，他也在自己的部落格張貼AV女優松島楓的官網連結。自由派的人氣博主安替，同時也是一位推特使用者，他也在那些社群平台上公開支持蒼井空。他們支持AV女優的作為，就是基於上述的理由。

這個時期中國網友還給蒼井空取了一個外號，叫「蒼老師」。這個外號主要有兩層含義，一是把AV女優當成老師敬重，象徵反威權主義；二是諷刺中共當局，一個日本的AV女優都關懷玉樹震災了，自家政府卻無積極作為。

由此可見，蒼井空當年的人氣，是反體制的知識分子之間流行的一種網路文化。

學習中文使用微博

中國網路菁英支持蒼井空，雖然有一部分是出於對體制的不滿，但這種風潮沒有持續太久。蒼井空的事務所（Prime Agency）找上中國的企業家合作，迅速開闢中國市場。

二〇一〇年十一月，蒼井空在中國社群平台新浪微博開設了官方帳號，此舉也深受非「情強」人士的喜愛。而「蒼老師」這個外號，也隨著她的知名度提升，變成一種單純的親密稱呼。

最主要的原因在於，事務所決定開闢中國市場後，立即採取了適當的應對措施。此外，蒼井空也跟過去使用推特一樣，積極和中國粉絲互動交流。

二〇一九年三月我還在寫這本書的時候，剛好有機會替《新聞週刊日本版》採訪蒼井空小姐。根據她的說法，一開始她是翻譯推特上的貼文，轉貼到微博的帳號上。結果中國粉絲反應熱烈，所以她自己用英文和中文發文，以便即時回覆中國網友。蒼井空努力學習中文，至今微博帳號開設已有九年，她還是親自發文和粉絲交流。

「當然，微博上的回文我也不可能每一條都看，但比較前面的回文我會看。我以前從來沒想過，自己有一天會跟海外客戶一起工作，甚至還用中文和粉絲交流。」

二〇一一年起，蒼井空正式在中國發展演藝事業，不但推出了中文歌曲，還受邀演出網路短劇，堪稱炙手可熱的當紅藝人。後來還紅到去拍廣告，接綜藝節目的通告，跟中國頂級歌手或藝人同台演出。二〇一一年底，蒼井空已然成為中國的VIP藝人。

到頭來，她的知名度越來越高，二〇一二年九月中國各地爆發大規模反日示威時，示威現場還有人高舉看板，上面寫著一個充滿草根氣息的玩笑話，內容是：「釣魚島是中國的！蒼井空是世界的！」

參加反日示威的，多半為地方都市的居民，尤以中下階層的人居多。這種玩笑話，也顯現了中下階層的幽默品味。

起初，蒼井空只是創新小眾（情報先驅）才感興趣的一種流行要素。不料在短時間內，連晚期大眾（情報的追隨者）也趨之若鶩，象徵蒼井空在中國已獲得廣泛的支持。

受邀前往中國的日本AV女優

蒼井空的高人氣，在中國帶起了一股AV女優浪潮。過去中國舉辦性愛博覽會等活動，也會找日本的AV女優參加，這種浪潮在蒼井空的推波助瀾下，變得更為熱絡。有些業績不錯的IT企業也會找AV女優參加自家公司舉辦的活動。

派遣AV女優前往中國的日本業者，公開了詳細的內幕。

「參加一次活動的酬勞，大概是二十萬到四百萬日圓不等，價碼取決於女優的知名度，還有活動的規模。除非像蒼井空那樣有名，否則很少有幾百萬的價碼，了不起就是百萬日圓以內。整個行程前後大約三天，連移動的時間也算在內。」

從日本前往中國的旅費和滯留開銷，由中國的業主另外支出。登台演出的女優能分到總酬勞的四到七成，擁有一定知名度的女優，三天就賺得到五十萬日圓的酬勞。

去中國參加活動，照理說比在日本拍 AV 輕鬆，對身心的負擔似乎也比較小。可是，對於不習慣海外環境的女優來說，中國的空汙和水土不服的問題帶給她們很大的壓力，所以拒絕前往海外的女優也不在少數。

「其實更麻煩的問題是，中國有很多臨時的行程。例如，他們會突然改變日期或會場，或是女優到了會場，才發現主辦方有安排記者會，而且事先都沒知會我們。」

除了業主本身的因素，像高官造訪這類的政治因素，也會導致活動臨時取消，這在中國可謂屢見不鮮。第四章也有提到，上海性愛博覽會剛好和習近平視察撞期，只好在開幕前幾個禮拜改變場地和時間。對此，蒼井空的說法如下。

「很多時候，中方辦活動只花一個禮拜準備，等我們實際進入會場化好妝，中方卻在開幕前三個小時取消活動。而且這種情況很常見，也只能習慣了。」

去中國參加活動，通常需要做好各種安排和管理，好比事先要求業主支付一半酬勞，以防中方突然取消活動或變更行程。

情婦、陪睡……用各種假新聞炒話題的中國商業手法

到中國參加活動還有其他問題。中國有一種根深柢固的行銷文化，他們不介意用虛假的消息來炒話題。因此，舉辦活動的業主和相關人士在邀請AV女優登台演出以後，還會刻意向媒體透露一些假消息。簡單說，就是利用有爭議性的八卦報導，提升自家公司和商品的知名度。

比方說，二〇一二年一月蒼井空受邀參加電商凡客誠品（VANCL）的尾牙，業主告訴當地媒體，他們花了五十萬人民幣才請到蒼井空（相當於八百萬日圓）。另外，二〇一三年五月，上海市黨委員會的機關報《解放日報》也寫道，蒼井空的書法作品以六十萬人民幣的高價賣出（相當於九百六十萬日圓）。這些外電報導傳回日本，蒼井空本人表示，那全是子虛烏有。

二〇一五年春天，也有一則八卦新聞造成不小的話題。報導指出，中國人喜愛的AV女優水咲蘿拉，跟中國富豪簽下了十五年的情婦契約，金額高達五千萬人民幣（相

當於八億日圓）。

「中國客戶沒經過我們同意，擅自發布那些假消息，來替他們的活動炒話題。其實稍微思考一下就知道，那種事情不可能是真的。」

水咲所屬經紀公司 T-POWERS 的經紀人一臉無奈地否定了那些新聞。

有些中國業主還用自導自演的手法製造假新聞。例如招待女優吃飯的時候，安排她們坐在當紅男藝人身旁。幾天後，媒體就會報導「AV 女優和中國男藝人戀情曝光」。

還有一點，AV 女優到中國發展一定會有陪睡的傳聞。

「稍微有點制度的事務所都不會答應，因為沒法控管旗下藝人的風險。其實還有很多正常的讓利方法，可以強化我們和當地企業的關係。」

T-POWERS 的經紀人做出了這樣的解釋。首先，中國表面上是禁止賣春的，而且兩國語言又不通，把 AV 女優獨自丟到那種地方陪睡，是一種風險極高的行為。說穿了，他們不可能讓蒼井空或波多野結衣那種頂級女優陪睡。對大型事務所來說，這完全划不來。

不過，確實有些中國業主要求日本事務所獻上女優，或是在活動會場直接對女優提出陪睡要求。有的小型事務所操守不佳，便提供女優滿足中方的要求。

某位在二〇一六年引退的人氣 AV 女優說，也有 AV 女優瞞著事務所陪睡。

「我一個朋友以前也是當 AV 女優的，她問我願不願意陪中國富商睡，酬勞大概十五萬到三十萬日圓不等。這麼做風險太大，而且也太賤價了，所以我沒接受……」

情色產業也是有正派的經營者，願意遵守一般企業的道德操守。然而，這個產業背地裡也有很多黑暗故事。日本 AV 女優到中國發展也有同樣的問題。

中國人組團到日本買春的現況

二〇一〇年以後，中國人對日本 AV 的熱愛踏上了一個新的里程碑。如今有越來越多中國人前往日本觀光，還有人專程去見AV女優。

某位AV業界的人士告訴我，幾年前，華僑經營的旅行社多次與他們接洽，希望讓中國觀光團參觀AV拍攝現場。

「後來我們基於安全考量和風險評估，拒絕了這個要求。畢竟，觀光客可能會用手機擅自拍攝AV女優，警方也會以公然猥褻罪逮捕我們。萬一真的被逮捕，女優、事務所、AV片商都會完蛋，所以我想業界應該沒人會答應這種要求。」

不過，華僑經營的旅行社會帶觀光客去參觀「假的片場」。

「旅行社就帶觀光客去假的片場，讓他們看活春宮，當然攝影機根本沒開。那些演活春宮的也不是真的AV女優，幾乎都是找特種行業的女子來。」（同一位業界人士的說法）

中國網路上也有一些可疑的日本情色旅遊廣告，賣點不外乎參觀拍片現場，或是找AV女優擔任一日導遊等等，甚至還保證可以嘗到「女體生魚片」（女体盛り）。像這類不實廣告，大概就是那些不肖業者流出的吧。

我在二〇一七年一月拿到一份「日本八天七夜買春團」的宣傳手冊，大致跟各位介紹一下內容。

【第一天】欣賞東京夜景，晚餐享用女體生魚片。

【第二天】參觀東京市政廳→午餐享用日本拉麵→下午去表參道購物→晚餐享用神戶牛燒肉→去歌舞伎町看脫衣舞→去歌舞伎町「喝茶吃魚」（有全套）。

【第三天】去秋葉原購買成人玩具→光顧女僕咖啡廳→去六本木享受頂級日式精油SPA（非情色服務）→晚餐享用壽司→夜晚去吉原洗泡泡浴（有全套）。

【第四天】參觀AV片場→跟AV女優一起約會吃晚餐（逛台場和淺草，再去吃壽司）→晚上和AV女優快活（有全套）。

【第五天】去富士山觀光，呼吸沒有汙染的新鮮空氣→享用鮮魚料理→享受箱

秋叶原
早上十点出发前往秋叶原，参观选购各类新潮尖端的成人用品和电器产品.
女仆茶餐厅
午餐安排秋叶原著名女仆茶餐厅享受日式女仆尊贵跪式服务（无情色服务）
日式精油SPA
六本木顶级日式精油spa疗养为晚上战斗蓄力（无情色服务）
顶级寿司
晚餐安排顶级寿司店品尝顶级寿司
日式泡泡浴
前往日本最著名泡泡浴红灯区吉原享受最激情的日式泡泡浴服务（有本番服务）

「日本八天七夜買春團」第三天的行程表。

根的大湧谷溫泉↓晚餐有和服美女伺候吃飯！享受難忘的一夜（有全套）。

【第六天】參觀浜松的美軍空軍基地↓吃鰻魚強精補體↓參觀浜松城↓享用海鮮料理↓到浜松玩韓國美女（有全套）。

【第七天】參觀豐田汽車總公司和豐田博物館↓到鈴鹿賽車場觀賞F1大賽↓去名古屋的烤雞翅居酒屋吃晚餐↓去名古屋的奶媽酒吧喝酒摸奶↓去半套店享受多人口交（半套）。

【第八天】從中部國際機場返國，回到溫暖的家。

從第五天開始，行程中的情色要素少了許多，後來甚至還安排參觀美軍基地，還有豐田汽車總公司，似乎缺了那麼一點浪漫情懷（浜松並沒有美軍基地，應該是跟自衛隊的基地搞混了）。根據手冊上記載的地址，旅行社位於台東區元淺草的住商大樓內。我實際去了一趟，但那一棟住商大樓並沒有旅行社，電話也打不通。

其實，類似的廣告可謂不勝枚舉。我在二〇一八年八月看過另一個廣告，標榜「五十位 AV 女優任君挑選，陪您度過春色無邊的一夜」。這個四天三夜的日本買春團，一個人的參加費用是四萬八千塊人民幣（相當於七十七萬日圓），機票錢另外算。我用微信聯絡到旅行社，可惜提問不夠謹慎，對方起了疑心就掛我電話了。

總之，中國確實有一些見不得光的生意，利用日本 AV 的高人氣在賺錢。

人紅是非多

二〇一〇年四月，蒼井空在推特上發出一則誤譯的貼文，不僅帶起一股蒼井空旋風，甚至也讓她在中國爆紅。這一點也是她本人始料未及的。

二〇一二年是蒼井空在中國人氣最高的時候，正好當年中日關係也因為釣魚台的問題極度惡化。因此，蒼井空的存在確實緩和了中國平民對日本的情緒，連那些參加示威遊行的暴民都很喜歡蒼井空。那時候，日本的知識分子不希望中日對立激化，還把她拱成「中日友好的旗手」。對此，她是這麼說的。

「當時我壓力真的好大，而且很迷惘、很難受。我希望跟中國粉絲保持良好的關係，但又不曉得自己該說什麼才好。」

一介AV女優突然成為中國的頂級藝人，甚至被當成拯救中日關係的女神，但沒人知道她私下有這樣的煩惱。蒼井空在中國爆紅，主要是事務所找到的中國夥伴戰略運用得當的關係。她就像搭上一台直升機，直接被丟到山頂上一樣。

有一次蒼井空在微博發文，說她利用空閒時間打掃家裡。中國粉絲看了非常驚訝，他們沒想到蒼井空會自己打掃房子。中國的明星多半是找幫傭處理家務，而身為當紅藝人的蒼井空居然親自做家事，這帶給中國人很大的觀念衝擊。

「我討厭被神格化，我（不是女神）就是一個普通人而已。我想跟大家交朋友，就好像一個鄰家大姊姊那樣。這才是我寫一些生活瑣事的用意。」

二〇一八年一月一日晚上十一點十一分（北京時間），蒼井空在微博上發表婚訊，對象是一位日本的DJ。這一則婚訊也是用中文發布的，大批中國網友也給予祝福。

而且婚訊也是華人媒體先行報導，日本媒體才後續跟進。

順帶一提，那一則婚訊的中文也是蒼井空自己寫的。

「我怕中國朋友看不懂，所以有請人稍微修飾一下，但文章確實是我自己寫的。這種事我覺得應該要用自己的話告訴大家……」

蒼井空的言行之所以討喜，也跟她的性格大有關係。蒼井空對中日兩國的交流是有莫大貢獻的，至少她讓一般中國人見識到了日本人真誠的一面，而不只是「抗日戰爭」所帶來的刻板印象。

中國人對日本的扭曲印象

——不過，「蒼井空現象」也帶來一些負面問題，當然這不是她的責任。

蒼井空在中國走紅以後，日本 AV 產業也積極開闢中國市場，算是替 AV 產業注入了一股新的活力。不然，日本國內漸漸吸收不到年輕粉絲，DVD 和藍光光碟等載體式微，也對市場造成了影響。然而，這也大幅強化了中國人對日本的負面印象，過去中國人一直認為日本就是AV大國。跟不認識的中國人碰面，對方劈頭就提抗日戰爭的話題，坦白說並不是一件愉快的事情；問題是，對方提起AV話題也沒比較好，身為日本人心情一樣很複雜。

再者，有許多不肖業者搶搭AV的順風車，用女優陪睡或買春觀光團之類的幌子，大賺骯髒錢，這些問題也不能等閒視之。當然，這些問題跟蒼井空、波多野結衣等主流的女優並無干係。

二〇一〇年以後，在中國社會享有高人氣的日本藝人幾乎都是AV女優，這個現象多少有那麼點悲哀。過去幾個世代的日本藝人在中國也有很高的知名度。好比八〇年代拍電影走紅的高倉健和山口百惠，九〇年代拍電視劇走紅的酒井法子和木村拓哉，還有二〇〇五年以前的流行歌手濱崎步、宇多田光等等，都是名副其實的閃亮巨星。

近年來中國人只對AV女優感興趣，代表日本的電影、電視劇、音樂等流行文化失去了往年的領導地位，娛樂圈也缺乏靈活的手腕開闢海外市場。現在日本（除了動畫以外）只剩下 AV 這類的創作品，具有風靡海內外的軟實力。

而且，高人氣的 AV 前景也不明朗。

有在關注中國情勢的人就知道，近年來的 AV 女優浪潮，主要源於胡錦濤政權寬鬆的管理體制。尤其胡錦濤政權後期，中國社會瀰漫著一股享樂主義的氣息。

強悍的習近平政權上台後（二〇一三年），逐漸加強對媒體娛樂的管制，二〇一五年開始電視台也不太敢找 AV 女優上節目了。儘管 AV 女優跟東莞、下川島的性產業不同，沒有牽涉到黨政軍的利益，但習近平本身很討厭放縱的社會氣息。

我實際跟日本的 AV 業者打聽，這幾年中國找 AV 女優參展的數量也大幅下滑了。習近平上台以後，中國的媒體也開始多方批評蒼井空。

AV 女優到中國發展的浪潮，替過去十年的中日關係譜上了一些小插曲。如今蒼井空已結婚生子，這一浪潮也差不多要面臨轉折了。

【專欄五】現代中國的情色術語基礎知識

我在寫這本書的時候，採訪過許多很有特色的朋友，也上網查了不少奇奇怪怪的資訊。有些內容實在太過冷僻，我在文中也盡量少提。不過，寫這本書確實讓我學到很多字典上絕不會有的中文情色術語。

我就挑一些特定的俗語和黑話，向大家介紹中國地下世界的訊息。這些都是前面幾章沒提到的內容。

「狼友」

有相同性癖好的男性對彼此的稱呼。中文的「色狼」意指好色之徒，「狼友」顧名思義就是志同道合的好色夥伴。那些喜歡尋花問柳的網友，平常會上相關的情報交流論壇。狼友就是他們在論壇上常用的稱呼，他們多半自稱

「小狼（或小生）」，詳情容後表述。

另外，犯罪者也會用這類稱謂互稱。例如，頂族（按讚一族，詳見專欄二）會用「公交狼（大眾運輸之狼）」互稱，偷拍愛好者則用「偷拍狼」互稱。公交狼或偷拍狼這種冠上狼字的用法，也會用來形容其他性癖好。順帶一提，中文跟日文的變態意思是一樣的。

「多P」

多Ｐ是指雜交派對，又稱為「群交」。網路上的中文情色貼圖論壇（別懷疑，網路上確實有這種玩意），可以觀察到中國人民各式各樣的夜生活情景。大概每二、三十篇貼文中，就有一篇「多Ｐ」的貼圖。

有一些貼圖前半部分是和樂融融的團體旅行照，內容是一群普通的大叔大嬸去參觀深山的道觀，後半段就變成大叔大嬸的瘋狂「多Ｐ」和「換妻」照片。看到那種貼圖真是有一種說不出的奇妙感受。我在專欄四有介紹中年人吸食毒品的故事，那些五十多歲的中國人年輕時缺少娛樂，或許是想趁機彌補空白的青春吧。

其實，只要搜尋「自拍」「騷貨」「騷妻」「野戰（在野外從事性行為）」「車震（在車上從事性行為）」等關鍵字，再搭配「論壇」進行搜索，就可以找到一大票中文貼圖論壇，上面還有各種違法圖像。據說，很多論壇的伺服器都放在加勒比海或南太平洋的小國家。

「性息」、「爽記」

「性息」是指情色行業的相關訊息，取自中文「訊息」的諧音。而嫖妓的體驗報告稱為「爽記」，搭配「狼友」或「性息」等關鍵字和地名搜尋，可以查到幾個資訊交流論壇，上面有許多中國網友尋花問柳的報告。

這種報告用了很多黑話，比方說性工作者稱為「XJ」（「小姐」二字的拼音字首）或「JS」（「技師」的簡稱，意指按摩店的小姐），情色三溫暖稱為「SN」（「桑拿」的簡稱）。情色理髮廳稱為「FL」（「髮廊」的簡稱），性行為則是「ML」（取自英文 Make Love 的字首）。

近年來旅日華僑增加，海外旅遊也逐漸普及。因此，也有不少中國網友刊出他們在日本的「爽記」。我在寫這本書的時候，查到了情色行業的資訊交流論壇，以下就介紹幾則貼文的標題。

- 東京：淺草 rockza 脫衣舞俱樂部遊記。
- 日本九州：上門服務店遇到日式仙人跳（在日本九州叫外送茶，結果被設局騙錢）。
- 北京狼勇闖東京吉原泡泡浴。
- 日本關西雄琴桑拿名店。
- 薄野巨乳專門店。

仔細看上面的貼文，抱怨的內容還挺多的。大都是抱怨小姐太老，或服務態度不佳。以前在東莞享受慣的人，日本的店鋪已經滿足不了他們了吧？

「充氣娃娃」

情趣娃娃的通稱。顧名思義，本來是指充氣式的便宜娃娃，但一般媒體也會用這種詞彙來稱呼高檔的情趣娃娃。不過，第四章提到的「情趣娃娃仙人」離塵先生，很討厭別人用充氣娃娃稱呼他的收藏。做得唯妙唯肖的情趣娃娃，還有一個稱呼叫「實體娃娃」。

近年來，非法棄置充氣娃娃和情趣娃娃的現象，在中國形成一大社會問題。許多民眾誤以為是女性屍體，還驚動警察到場處理。

由於類似的事件太常發生，民眾早已見怪不怪了。二〇一七年三月二十二日，有民眾通報在廣東省廣州市南沙區的河川上，看到廢棄的充氣娃娃。警方趕往現場打撈河面上的皮膚色物體，結果竟然撈到一具真的屍體。

「女王」

這是指SM女王，被虐的一方則稱為「男奴」「女奴」。中國的大都市確實也有SM愛好者，人口不多就是了。

因為我想採訪真正的女王，便透過QQ找到一位上海的女王，她也告訴我不少SM的專業術語，例如「鞭打」「舔鞋」「懸吊綑綁」等等。調教的內容跟其他國家的SM差不多，但戀足癖的術語相對較多，或許是中國以往有纏足傳統的關係吧（不喜歡SM的其他中國男性似乎也有這樣的傾向）。另外，還可以請女王穿上「唐裝」或「旗袍」，扮演古代的公主調教奴僕。

我本來打算約女王出來詳談，但女王要我實際體驗一下，調教費三千塊人民幣（相當於四萬八千日圓）。從各方面來說這門檻都太高了，我只好放棄採訪的念頭。

「基友」

「同志」是大家比較熟悉的同性戀稱謂，這大概是一九八〇年代香港發明的用法。我在第五章提到的 CHIN 和小櫻則表示，同志這個稱謂有點落伍了。

現在中國大陸多半用「基」或「基友」來稱呼同性戀。廣東話的「基」和「GAY」發音相近，所以被拿來稱呼同性戀。如今這個用法已擴散到中國全境，不只說廣東話的人會這樣用了。此外還有「基佬」一詞也是，這個詞相當於「玻璃」這種諧謔的稱謂，拿來自稱還沒什麼關係，稱呼別人就有點問題了（順帶一提，台灣主要還是用「同志」，「基」這種稱呼方式不太常用）。

根據 CHIN 的說法，華人同性戀還有一種黑話叫「1069」。「1」是指勃起的陽具，「0」則是指肛門，「10」泛指性行為，「69」則是互相口交的意思。所以，在通訊軟體帳號或社群帳號上加「1069」的人，就是同性戀。

「女裝子」

一般中國媒體都是用「變性人」「人妖」等字眼來稱呼跨性別者。根據小櫻的說法，這些字眼帶有歧視性的意味。尤其「人妖」一詞，相當於日文的貶抑詞「オカマ」（陰陽人）。

第五章提到的「偽娘」或「女裝子」，是中國跨性別者比較喜歡的稱呼方式（當然「女裝子」一詞是日本傳過去的）。這兩個詞彙相當於日文的「男の娘」。

日本的「男の娘」是指那些沒有服用女性賀爾蒙，也沒有接受性別矯正手術的人（有服用女性賀爾蒙或接受性別矯正手術的人，稱為「ニューハーフ」（陰陽人，來自和製英語 new-half））。在中國不管有沒有服用賀爾蒙或動手術，這些稱呼沒太大區別。

「エロ」

這是直接把日文的「エロ」換成中文字。主要是喜歡動漫或電玩的階層，在二〇〇〇年後帶起來的用法。成人漫畫（中文又稱「エ口漫畫」或「H漫畫」）和成人遊戲的詞彙，有不少都是來自日文。好比「啊嘿顏（來自日文『アへ顏』，性高潮到翻白眼的表情）」或BL的「攻受」等等。（註：對其他中國次文化用語有興趣的讀者，不妨參考旅日華僑御宅族「八子」發行的同人誌《中華宅用語辭典》〔中華オタク用語辞典〕。二〇一九年五月底發行的商業版《中華宅用語辭典》也可以參考看看〔文學通信出版〕。）

第六章也有提到，由於日本AV在中國非常流行，所以出現了很多日式中文，好比「人妻」、「巨乳」、「痴漢」、「調教」等等。

中國的情色術語有以下幾種傾向。一、很多簡稱只有圈內人才看得懂。

二、沿用不少日本傳來的詞彙。三、沿用不少廣東話或香港傳來的詞彙。

第一種傾向大概是要迴避網路審查（日本的援交術語也有類似的傾向。比方說，用來稱呼女高中生的「JK」，還有稱呼女大學生的「JD」，本來都是援交術語）。至於後面兩種傾向，主要是中國的情色文化，過去幾十年都是日本和香港等先進地區傳入的。

情色術語這種搞笑滑稽的東西，也能看出一點中國社會的端倪。

結語

共產黨連人類最原始的本能都要控管？

中國人的性事問題，在這十年有很大的轉變。

首先，過去極度猖獗的性產業大幅衰退，但年輕人的性觀念開放，性生活的滿意度也隨之提升，成人用品的市場更迅速擴大。另外，跟舊時代相比，人們開始有一些奇怪的性癖好（例如收藏情趣娃娃），而且漸漸敢於公開自己的性向，不再怕旁人忌諱（好比同性戀）。日本的 AV 也是一樣，過去 AV 被視為違法的影視內容，難登大雅之堂，現在雖然同樣有不少問題存在，但至少已經成為檯面上的消費產品。只可惜，近年來又出現管制的現象。

這些現象究其因素，在於社會「自由化」和政治「統治化」相悖離的緣故。當然，這是從以前就有的現象，只是這十年特別顯著。

社會「自由化」的背景，跟中國大都市手機普及率超過九成有關。現在社會大幅開化，人文進化也是一日千里。

比方說，現在一下子就能買到機票或長途列車的車票，不用花上一整天時間排隊。手機點開派車 APP，馬上就有安全舒適的計程車可搭，不必再忍受坐地起價的危險駕駛。有了微信和ＱＱ等通訊軟體，可以降低長距離通訊的成本和難度，固定電話的線路不足再也不是問題了。近年來，中國人民透過ＩＴ技術，能夠隨時獲得想要的東西，或是跟自己喜歡的對象一起做喜歡的事情，整個社會徹底改頭換面。

於是乎，中國人的性生活也迅速開化，使用ＡＰＰ認識異性（或同性），跟異性互相交流的難度大幅降低。成人用品上網就買得到，要找到性癖好特殊的夥伴也不再困難。

另外，二〇一〇年中國的ＧＤＰ躍升世界第二，經濟和社會漸趨成熟。中產階級以上的群眾願意花錢享受興趣，這一點也十分關鍵。除非和政治因素相牴觸，不然現在美國和日本有的東西，中國也一定都有，只要付出合理的價位就能買到。ＩＴ技術和財力大幅提升人民性生活的自由度，這也是中國近幾年吹起情色浪潮的原因。

相對地，強勢又保守的習近平政權上台後，統治方針有了明顯的改變。

中國自一九七八年鄧小平提倡改革開放以來，國民生活和經濟活動的自由持續改善。正確來說，一九八〇年代初期剛推行改革開放政策的時候，還有一九八九年天安門事件爆發後，保守派勢力一度抬頭，試圖限制社會發展。可是反過來看，一九九〇年代以後有將近二十年，社會都處於寬鬆的管制狀態。

不過，二〇一二年習近平就任總書記以後，這樣的時代也宣告結束了。習近平的意識形態保守，他的政權有個特徵，就是會積極取締那些被縱容的「不道德行為」，即便那些行為對體制根本不構成威脅。好比民間的小額賭博，或是媒體的低俗內容。

習近平政權處理情色問題也是一樣的態度。二〇一二年以前對民間的管制並不嚴厲，性交易和AV女優藝人化等現象，就是在那個時代發展出來的文化。然而在現行制度下，這些文化也受到了打壓。再者，網路上的交流也幾乎被當局掌握，一些比較露骨的溝通內容，也被拿來當作攻擊政敵的手段。

網路普及和經濟發展帶來了「自由化」，習近平體制的「統治化」，卻連國民生活的瑣事都要控管。近年來中國社會的各個層面都看得出來這兩者的激烈拉扯，尤其商業行為和表演活動特別明顯。本書是從情色這個比較晦暗的角度，來深入了解中國近來的特徵。

可是，無論社會和政治怎麼改變，中國人的夜生活就算受到影響，但人類最原始的「欲望」依舊存在，這一點不會改變。恐怕今後中國的情勢和情色問題也會產生更大的轉變。未來我會持續觀察這兩者的動向。

*

跟我過去的著作相比，這本書也是最具爭議性的一部。俗話說得好，不學好的兒子反而深得父母關愛，因此我個人對這部著作也有很深的情感。

若沒有各方大德的關照，這部作品大概也無法問世。首先，我要感謝文藝春秋的責編西本幸恒先生，他從企畫階段到完稿一直提供我很大的幫助。

另外，我也想藉這個機會，感謝一下文中提到的採訪對象。例如，在第一章、第二章提供東莞和下川島經驗談的部落客馬里林。日本情趣娃娃製造商 LEVEL-D 和 4woods，也提供我第三章的參考資料。第四章內容則有賴日本國內成人用品大通路 Pop Life Department. M's，以及 TENGA 公關小組經理西野芙美小姐大力襄助。

本書的內容多半是過去的投稿，還有替其他媒體採訪的內容。這些媒體包括《週刊文春》、《文藝春秋主張 二〇一九論點一百》（文藝春秋オピニオン 2019年の論点100）、《SAPIO》、《COURRiER Japon》、《週刊PLAY BOY》、《文春ONLINE》（文春オンライン）、《現代商業》（現代ビジネス）、《JBpress》等等。上述這些媒體的編輯，我也要對他們致上最誠摯的謝意。

在年號即將更迭的日子

安田峰俊

平成三十一年（二〇一九年）四月吉日

台灣版附錄

越南新娘村

【編按】

本篇是作者安田峰俊為本書台灣版特別提供的新作，獨家收錄在台灣版裡。這篇新作從越南新娘村的現象出發，將書裡探討的中國性事議題放大範圍來看，可以發現這是日本、中國、韓國、台灣等整個東亞都在面臨的共同狀況。

「您好，請問您找越南人妻嗎？」

這一次我來到越南的芹苴市，芹苴是南方湄公河三角洲最大的都市。我在某家便宜的旅館中打開手機 APP Zalo（相當於越南製的 LINE），畫面上顯示婚姻仲介傳來的日文。

「沒錯。」我打完訊息後，手機又發出訊息響鈴，對方一次傳送十多張女性的照片，全都是同一個女性。每一張照片都拍得很好看，顯然有經過修圖軟體加工。

「這個女生才二十五歲，日本人N4，沒有結過婚，大專畢業。」

「身高一百五十八公分，體重四十九公斤。」

「沒刺青的女生。」

訊息中的「日本人N4」，應該是翻譯軟體的誤譯，正確是「日語能力檢定四級」才對。這種日文能力跟一般越南的技術實習生差不多。

我假意尋找結婚對象，並要求和那些人見面詳談一番。

「你選喜歡的女生。」

「我們明天見。」

這一段日文有些生硬，應該是就用翻譯軟體沒錯。本來只有長期逗留的人，才有機會直接見到那些女子和她們的家人。不過，我還是有機會向業者打聽一點消息。

現在回頭來談談日本的狀況。近年來，到日本發展的越南人約有四十七萬六千人，也算是相當有存在感的族群了（二〇二二年六月底的數據）。過去十年人口翻了九倍，照這樣增加下去的話，在不久的將來有機會超越中國人，中國人目前是日本最多的外來族群（大約七十四萬五千人）。這些越南人大部分是技術實習生，以及來日本求職的留學生。

然而，技術實習和留學的居留資格是暫時的，幾年後就必須回國，這也是來海外打拚的越南人最大的煩惱。近年來，日本政府多增設了「特定技能」資格，符合資格的海外人士可以多留一段時間，但取得這種資格有一定的難度。

於是，有人選擇用「結婚」來投機取巧。只要取得日本人配偶的簽證，就不受勞動年限和職業類別的限制。

像這一類投機取巧的婚姻大多有兩種類型。第一種是單純做書面上的夫妻，男女雙方幾乎沒有碰過面，也就是假結婚。越南女性使用這種方法，要支付五十萬日圓給日本男性；反之，越南男性使用這種方法，必須支付日本女性數百萬日圓。而且，入境管理局的監控很嚴格，也沒有這麼容易得手。

另一種類型就是我前面寫的，透過相親服務和日本人結婚，成為真正的夫妻，當然也的確是為了金錢和居留資格才結婚的。換句話說，介於戀愛結婚和假結婚之間（因此，有些夫妻也過得挺幸福的）。

越南女性去日本工作，不管是技術實習或留學，出國前會被巧立名目徵收六十到一百萬日圓不等的費用。相對的，嫁到日本雖然風險高，但透過相親服務結婚，可以省去財務負擔，這一點算是極大的好處。基本上，日本男性得支付業者手續費，以及越南女性來日本的旅費和其他開銷。

可話說回來，這種騙取簽證的婚姻難免有一些奇怪的狀況。

比方說，我們日本男性聯絡越南的婚姻仲介，仲介會送來大量美女和巨乳女性的照片，那些都是可供挑選的對象。至於想和日本人結婚的越南女性，也有提出她們的「要求」。

「青森縣人（現居地），四十一歲，身高一百六十九公分，體重五十三公斤。沒有結婚經歷，大專畢業，上班族，年收一千六百萬日圓。」

「愛知縣人，三十六歲，身高一百七十二公分，體重七十六公斤。沒有結婚經歷，研究所畢業，大企業高幹，年收一〇二五萬日圓。」

這是專門替越南女性找門路的婚姻仲介，張貼在臉書上的徵婚條件。

按常理思考，條件這麼好的日本男性在國內也非常搶手，不太可能接觸越南的國際婚姻仲介，畢竟要花上不少的費用。更何況，青森縣算是日本最北邊的偏鄉都市，有多少上班族賺得到一千六百萬日圓啊？所以，徵婚條件的貼文，應該是某種障眼法才對。

美女、金錢、謊言，越南的國際婚姻市場，就是靠男女雙方的幻想支撐起來的。

十月二十七日下午，我來到芹苴市的咖啡廳，婚姻仲介的員工安（假名，二十五歲）也現身了。她本身長得也非常漂亮，或許是要刺激客人對越南女子的期待感吧。她告訴我：

「今天上午，我接待了兩名中國男性，他們也是來找結婚對象的。」

安一見到我，便驚呼「竟然有年輕的日本人來徵婚！」跟我同行的口譯員說，對方是真的非常訝異，並不是客套話。

「我們的客人大多是中國、台灣、韓國的男性。大致上分為三種人，第一種是窮人，第二種是老人，第三種是有錢的中老年人，想要娶一個年輕貌美的嬌妻。中國人和台灣人這三種都有，日本人絕大多數是第二種，多半是六十歲以上的老爺爺。」

那一家婚姻仲介在日本也有分公司，在日本提出申請的話，包含旅費和滯留開銷就要九十萬到一百九十萬日圓不等。

在越南直接提出申請，只要花七千萬越南盾（相當於四十一萬日圓），所有繁雜的手續都有人代辦，安接著說道。

「另外，請支付四十五萬日圓給女方的家屬，就當一點『心意』。其他公司的越南女子會反覆騙婚賺錢，我們公司挑選的沒這種現象。」

如果希望新娘子有一點日文基礎，男方每個月要支付一千萬到一千四百萬越南盾（相當於五萬九千到八萬兩千日圓），充當女子的學費和生活費，要連續支付三個月到一年不等，當地的機構會負責訓練。過去芹苴市就有幾家「新娘日語補習班」，可惜疫情爆發後，補習班全倒了。

我試著提出要求，想找奶大一點的女生。

「胸部大的很多喔。」

「那有年輕的嗎？越年輕的越好。」

「當然有囉，客人您年紀也很輕，要找到十七、八歲到二十五歲的年輕女孩，一定非常容易。」

安的回答也很乾脆。

「我能娶到多年輕的？」

「十六、七歲的我們也能介紹給您（笑）。只是，越南也有越南的法律，實際結婚要等到十八歲才行。」

「那我可以跟這麼年輕的『新娘』，做一些夫妻之間的行為嗎？」

「這個嘛，畢竟是您的結婚對象，你們談妥就行。」

只不過，要娶到年輕貌美的越南女子，可得跟台灣、韓國、中國等地的男性，進行一場激烈的新娘爭奪戰。

「我女兒是二〇〇五年嫁去台灣的，對方是營建工人，年紀比我女兒大一輪，身材也挺福相的……好在他們相處得不錯，孩子也生了兩個。」

我來到北部海防市郊區的大合村，村中有一棟雙層的豪華建築，我就在這座豪宅的寬敞客廳裡，聆聽銀女士（六十五歲，姓氏為音譯）的自白。她的二女兒二十三歲就嫁給台灣人，照片看起來很像年輕時的天海祐希，笑起來非常漂亮。

越南有幾個專門提供外國人新娘的村落，大合村便是其中之一。台灣和韓國這一類深受儒家影響的國家，都有很重的家族觀念，男性對結婚也有根深柢固的堅持。因此，從越南鄉下迎娶嬌妻的手法，已經有一套系統化的運作方式了。

大合村本來只是海邊的貧乏小村莊，也差不多是從二〇〇五年開始，有不少女性嫁到台灣和韓國。根據當地報紙《越南法制報》的報導，適婚年齡的女性有三分之一嫁給外國人。十年來村中的貧困率從十三%，降到五%（二〇一五年八月二十二日的報導）。

這裡明明是離都市遙遠的小村落，但你在當地散步，竟然看得到高級住宅區，裡面有不少漂亮的豪宅，就跟銀女士他們家一樣。村子的中心還有一座全新的教堂，足足有五樓高，或許村民也捐獻了不少吧。

然而，二十出頭的女性嫁給素昧平生的外國人，這件事在越南國內引起批判聲浪。十多年前還有惡質的仲介會找來幾十名女性脫光衣服一字排開，讓韓國和台灣男性挑選。有的惡質仲介也被警方逮捕了。

除此之外，像這類的婚姻也有不少悲劇。例如，女性在夫家被施暴，或是離婚後帶孩子回到家鄉，但孩子不會說越南話，被其他越南人排擠等等。

「不過，我女兒沒遇到這些壞事。韓國天氣太冷，食物又不合口味，聽說韓國男人又喜歡動粗。相形之下，台灣的氣候和食物比較相近，人也溫和一些。我以前也在台灣住過一段很長的時間，這我很清楚。」

銀女士開懷地談起過去。按照她和其他村民的說法，他們真正看重的不是外國男性帶來的聘金，而是一家人到海外工作的機會。

銀女士和她的丈夫在小女兒嫁到台灣以後，也拿到探親簽證遠渡台灣，就這樣在台灣打了十年的黑工。兒子和親戚也到台灣工作，一家人都賺了不少錢。

於是，兩年前他們花了十一億越南盾（相當於六百五十萬日圓），在大合村蓋了豪宅（見下圖），這筆支出是越南人平均年收的十四倍以上。

銀女士家的豪宅。

近年來，中國人在越南國際婚姻的市場中，也有舉足輕重的地位。

「中國來的年輕人很多，給的錢也是日本人的兩倍。」

這是我在芹苴市內，從婚姻仲介那打聽來的消息。

她調出一張手機照片，上面有一位健壯的短髮中國青年，旁邊站著外觀有些稚嫩的可愛越南女性。這位中國青年來自湖南，才三十四歲，職業好像是廚師。徵婚條件只要求沒有結婚經驗的二十多歲女性，而他本人也很年輕，所以一下就找到對象了。

「現在中國受到疫情防控政策的影響，出入境變得十分困難。不過，他還是不辭萬難跑來越南的鄉下找老婆呢。」

本書中也有提到，中國過去受到一胎化政策的影響，不少父母懷孕後只會留下男嬰（也就是墮掉女嬰），以便未來繼承家業。結果，現在中國男性比女性多了三千四百九十萬人（二〇二一年數據），造成男女比例極端失衡。

所以，中國男性的求婚競爭非常激烈，日本相形之下是小巫見大巫。貧民或農村出身的男性，還有學歷低的男性，要在中國國內找到伴侶特別困難。可是，傳宗接代的傳統觀念又根深柢固，家人給的催婚壓力比台灣和韓國還要大。

這也導致農村和鄰近區域，有越來越多男性從鄰國迎娶嬌妻傳宗接代。其中，越南人的外形和生活習慣跟中國人相去不遠，算是很有人氣的選項。根據澳洲公共新聞頻道「ＡＢＣ」中文版的報導，已經有將近十萬越南新娘嫁到中國，並定居當地。

「只是，異國婚姻也有不少問題。越南女性嫁到外地，想要多賺點錢寄回老家。沒想到實際去中國，發現夫家的狀況比越南還要貧窮，所以不時有人逃婚。某個村子曾經送出十位新娘到中國，不料十位新娘都跑了。」仲介公司的安說。

因為生活條件差才逃跑，還算是「運氣好的」。鄰國的男性都把越南女子視為「商品」，這也是越南婚姻仲介市場成立的原因。想當然，也有不少犯罪集團會盜賣「商品」。

「我十七歲時去參加朋友的婚禮，回家途中遇到人口販子，被迷昏拐走。」

我在海防市郊區的蔬果店採訪一位宋女士（四十二歲。姓氏為音譯），她對我說出了當時的經歷。

她被拐走以後，醒來發現自己來到了一個寒冷的國度。伙食有大量的辣椒，可能是中國的湖南省。

宋女士在那裡的「麻將館」工作了好幾年。以下是我個人的推測，二〇〇五年以前，中國各地有各式各樣的賣春設施，好比本書第一章中提到的粉味髮廊、茶館、麻將館、網咖等等。宋女士工作的地方，可能也是那樣的設施。

後來，宋女士在湖南省被賣給一個中國老人，也替對方生了孩子。

「過了幾年，我丟下孩子自己逃跑了，逃跑過程中有個中國男子救了我，我就跟對方結婚。我在中國住了二十年以上，直到幾年前才跟老家取得連繫，終於回到家鄉。」

她也有拿出當年的結婚證書給我看。她和老家取得連繫後，也有回鄉探親好幾次，直到二〇一九年回來那一次，剛好碰到新冠疫情爆發，就沒法回去中國了。目前住在離老家很近的海防市郊區。

宋女士被拐去中國，將近二十年都沒使用母語，越南話也生疏了。而且，她的中文是在湖南和廣西的鄉下地方學的，不是在學校學的，因此口音非常重，聽起來很難懂。此外她還會說一點類似廣東話的語言，據說是廣西的方言，和廣州、香港的廣東話又不一樣。也就是說，不管用越南話、中文、廣東話溝通，對她都有困難。

無論是中國、台灣，還是韓國，性事和婚姻問題都十分嚴重。在某些情況下，甚至還會影響到越南這些周邊國家。

國家圖書館出版品預行編目（CIP）資料

性與欲望的中國 : 從性事看見真正的中國 / 安田峰俊
著 ; 葉廷昭譯 . -- 初版 . -- 臺北市 : 大塊文化出版股份
有限公司 , 2023.01
面 ;　公分 . -- (mark ; 176)
譯自 : 性と欲望の中国
ISBN 978-626-7206-56-0(平裝)

1.CST: 性學 2.CST: 歷史 3.CST: 中國

544.7　　111020105

LOCUS

LOCUS

LOCUS

LOCUS